全国幼儿园教师资格证考试教材
学前教育专业教育教研成果系列教材

《综合素质》
真题及应试练习册

主　编　刘立民　赵艳杰　王晓娟

副主编　王素芬　张　娜

北京理工大学出版社
BEIJING INSTITUTE OF TECHNOLOGY PRESS

版权专有　侵权必究

图书在版编目（CIP）数据

《综合素质》真题及应试练习册 / 刘立民，赵艳杰，王晓娟主编 . -- 北京：北京理工大学出版社，2016.9（2024.1 重印）

ISBN 978 - 7 - 5682 - 2321 - 8

Ⅰ．①综… Ⅱ．①刘… ②赵… ③王… Ⅲ．①教师素质 - 幼教人员 - 资格考试 - 习题集 Ⅳ．① G615-44

中国版本图书馆 CIP 数据核字（2016）第 230735 号

责任编辑：李慧智　　**文案编辑**：李慧智
责任校对：周瑞红　　**责任印制**：李志强

出版发行 /	北京理工大学出版社有限责任公司
社　　址 /	北京市丰台区四合庄路 6 号
邮　　编 /	100070
电　　话 /	（010）68914026（教材售后服务热线）
	（010）68944437（课件资源服务热线）
网　　址 /	http：// www.bitpress.com.cn
版 印 次 /	2024 年 1 月第 1 版第 6 次印刷
印　　刷 /	定州市新华印刷有限公司
开　　本 /	787 mm × 1092 mm　1/16
印　　张 /	8.25
字　　数 /	195 千字
定　　价 /	29.50 元

图书出现印装质量问题，请拨打售后服务热线，负责调换

前 言

  为了方便学生学习和掌握《综合素质》一书的基本知识，该教材的五位编者根据每章的内容，从备考的实际需要出发，按照考试大纲的要求，力求做到易学、易练、易懂、易会，将理论学习与考试的实际问题相联系，编写了《综合素质》真题及应试练习册。本书共设五个模块，其中，模块一及模块五的第二章、第三章由刘立编写，模块二由赵彦杰编写，模块三由王晓娟编写，模块四由张娜编写，模块五的第一、四章由王素芬编。刘立民负责统稿。

  在写作体例上，从模块一到模块五，每章均给出单项选择题 15 题，每题列出四个备选项，其中只有一个符合题目要求，错选、多选或未选均无分。同时，给出答案并做出答案解析。模块一至模块五，每章均给出材料分析题 5 题，每题给出 2~5 个答题要点的简要说明，以便考生加深对问题的理解；模块五的写作题一般占卷面比重的 1/3，题型一般以材料分析或命题作文为主，我们给出 20 道写作练习题目，列出写作要点、基本思路、写作方法，以便考生理解、掌握。

  这本练习册的题目，一部分选自近年来国考的真题，一部分借鉴了其他同类书籍的内容，一部分来自教师的工作实践，比较符合生活实际，也尽量做到了与理论教学相互照应，便于学生学习和掌握。

  学生可以在每章课程教学结束后按照练习册的内容，进行学习，巩固本章已习得的知识；也可以在每一个模块学习之后，通过练习复习该模块的教学内容；还可以利用练习册，通过阅读原题，选择答案，参看答题要点，对知识点进行掌握。

  在练习册编写过程中，参考、借鉴了业内人士的一些研究成果，在此一并致谢。

编 者

目　录

模块一　职业理念

第一章　教育观 ……………………………………………………………………… 3
　一、单项选择题 ………………………………………………………………………… 3
　二、材料分析题 ………………………………………………………………………… 6

第二章　儿童观 ……………………………………………………………………… 10
　一、单项选择题 ………………………………………………………………………… 10
　二、材料分析题 ………………………………………………………………………… 13

第三章　教师观 ……………………………………………………………………… 16
　一、单项选择题 ………………………………………………………………………… 16
　二、材料分析题 ………………………………………………………………………… 19

模块二　教育法律法规

第一章　教育法律、法规、政策概述 ………………………………………………… 25
　一、单项选择题 ………………………………………………………………………… 25
　二、材料分析题 ………………………………………………………………………… 28

第二章　我国主要法律法规 ………………………………………………………… 31
　一、单项选择题 ………………………………………………………………………… 31
　二、材料分析题 ………………………………………………………………………… 34

第三章　教师的权利与义务 ························ 37
　　一、单项选择题 ······································· 37
　　二、材料分析题 ······································· 41

第四章　幼儿保护 ······································ 44
　　一、单项选择题 ······································· 44
　　二、材料分析题 ······································· 48

模块三　教师职业道德规范

第一章　幼儿教师职业道德概述 ················· 53
　　一、单项选择题 ······································· 53
　　二、材料分析题 ······································· 56

第二章　教师职业道德行为规范概述 ·········· 60
　　一、单项选择题 ······································· 60
　　二、材料分析题 ······································· 63

第三章　幼儿教师职业行为 ························ 67
　　一、单项选择题 ······································· 67
　　二、材料分析题 ······································· 71

第四章　教师职业道德评价 ························ 75
　　一、单项选择题 ······································· 75
　　二、材料分析题 ······································· 78

模块四　文化常识

第一章　传统文化知识 ······························· 83
　　单项选择题 ·· 83

第二章　中外科技史 ·································· 87
　　单项选择题 ·· 87

第三章　中国文学常识 ······························· 91
　　单项选择题 ·· 91

第四章　世界文学常识 ······························· 95
　　单项选择题 ·· 95

第五章　儿童文学常识 ······························· 99
　　单项选择题 ·· 99

模块五　基本能力

一、阅读能力 ··· 105
　　阅读题一 ·· 105
　　阅读题二 ·· 106
　　阅读题三 ·· 107
　　阅读题四 ·· 108
　　阅读题五 ·· 109

二、写作练习 ··· 112
　　写作题一 ·· 112
　　写作题二 ·· 112
　　写作题三 ·· 113
　　写作题四 ·· 113
　　写作题五 ·· 114
　　写作题六 ·· 114
　　写作题七 ·· 114
　　写作题八 ·· 115
　　写作题九 ·· 116
　　写作题十 ·· 116
　　写作题十一 ··· 116
　　写作题十二 ··· 117
　　写作题十三 ··· 117
　　写作题十四 ··· 118
　　写作题十五 ··· 118
　　写作题十六 ··· 119
　　写作题十七 ··· 119
　　写作题十八 ··· 119
　　写作题十九 ··· 120
　　写作题二十 ··· 120

模块一 职业理念

第一章

教 育 观

一、单项选择题（每题只有一个正确答案，错选、多选或未选均无分）

1. 苏霍姆林斯基说："只有集体和教师首先看到学生的优点，学生才能产生上进心。"这句话提示教师要（　　）。

　　A. 尊重和欣赏学生　　　　　　　B. 对学生严慈相济
　　C. 对学生因材施教　　　　　　　D. 团结和关心学生

【答案】　A

【解析】　"只有集体和教师首先看到学生的优点，学生才能产生上进心。"指的是教师要善于发现学生的优点，注重培养学生的上进心，尊重学生，欣赏学生。故选 A。

2. 范老师很少留意那些考试成绩一般的学生，而是把主要精力用于培养成绩优秀的学生。范老师的做法（　　）。

　　A. 违背了严慈相济的要求　　　　B. 有助于学生的个性发展
　　C. 有助于教学任务的完成　　　　D. 违背了公正施教的要求

【答案】　D

【解析】　教育公正强调教师对待学生要一视同仁，不能把学生分成三六九等，只关注成绩优秀的学生。故选 D。

3. 实现学校教育对学生发展的主导作用，其基本条件是（　　）。

　　A. 学校的环境创设　　　　　　　B. 教师的主导作用
　　C. 家长的积极配合　　　　　　　D. 学生的能动活动

【答案】　D

【解析】　实现学校教育对学生发展的主导作用，其基本条件是学生的能动活动。学校教育主导作用的实现，最重要的条件是必须通过学生自身的积极活动。离开了学生自身的主观能动性，学校教育的作用无从谈起。个体的主观能动性是其身心发展的动力。①只有外部环境的客观要求转化为个体自身的需要，才能发挥环境和教育的影响；②个体身心发展的特点、广度和深度，主要取决于其自身的主观能动性的高低；③在个体的发展过程中，人不仅能反映客观环境，而且也能改造客观环境以促进自身的发展。故选 D。

4. 素质教育以（　　）为根本目的。
   A. 全面提高全体学生的基本素质　　　B. 尊重学生
   C. 注重形成人的健全个性　　　　　　D. 实现人的全面发展

【答案】　A

【解析】　素质教育是指依据人的发展和社会发展的实际需要，以全面提高全体学生的基本素质为根本目的，以尊重学生主体性和主动精神，注重开发人的智慧潜能，注重形成人的健全个性为根本特征的教育。故选 A。

5. （　　）的培养是素质教育的核心。
   A. 尖子生　　　　　　　　　　　　　B. 社会适应能力
   C. 创新能力　　　　　　　　　　　　D. 学习能力

【答案】　C

【解析】　素质教育是以培养创新精神为重点的教育。作为国力竞争基础的教育，必须培养具有创新精神和能力的新一代人才，这是素质教育的时代特征。创新能力的培养是素质教育的核心，是素质教育区别于应试教育的根本所在。重视创新能力的培养也是区别现代教育与传统教育的根本所在。故选 C。

6. 幼儿素质教育的内涵是（　　）。
   A. 培养幼儿的综合素质　　　　　　　B. 使幼儿全面发展
   C. 使幼儿学到丰富的知识　　　　　　D. 保证幼儿的身体健康

【答案】　A

【解析】　《幼儿园工作规程》指出，幼儿园的任务是"实行保育与教育相结合的原则，对幼儿实施体、智、德、美诸方面全面发展的教育，促进其身心和谐发展"。其实，"全面发展的教育""身心和谐发展"，归纳为一句话就是要培养幼儿的综合素质，这便是幼儿素质教育的内涵。故选 A。

7. 幼儿教师逐渐培养幼儿学会自学，体现了素质教育（　　）的要求。
   A. 面向全体
   B. 促进幼儿全面发展
   C. 促进幼儿创新精神和实践能力的培养
   D. 着眼于幼儿的终身可持续发展

【答案】　D

【解析】　素质教育着眼于幼儿的终身可持续发展。教是为了不教。不仅要让幼儿学会，更要让幼儿会学；不仅给幼儿知识，更要给幼儿打开知识大门的钥匙。在这样一个时代，基础教育一定要培养幼儿终身可持续发展的能力。故选 D。

8. 卢梭教育理论体系中一个最基本的思想是（　　）。
   A. 把儿童当作儿童来看待，把儿童看作教育中的一个积极因素
   B. 提出了"社会本位论"的儿童观
   C. 提出了"白板说"
   D. 为儿童拟定了百科全书式的启蒙教育大纲

【答案】　A

【解析】　卢梭是 18 世纪法国伟大的启蒙思想家，也是近代教育思想史上具有重要影响

力的教育家。他的自然主义教育思想对西方教育理论和教育实践都有着深远的影响。这一思想的一个基本前提就是重新评价儿童,"把儿童看作儿童",尊重儿童的人格和尊严,尊重儿童所具有的特点,把儿童看作教育中的一个积极因素。故选 A。

9. 20 世纪 90 年代以来,世界各国把学前教育的根本目标定位于(   )。
   A. 儿童平均发展　　　　　　　　B. 儿童全面和谐发展
   C. 创造力的培养　　　　　　　　D. 儿童智力的开发

【答案】　B

【解析】　儿童全面和谐发展是学前教育的根本目标。故选 B。

10. 下列选项中,属于《国家中长期教育改革和发展规划纲要(2010—2020 年)》提出的战略目标是(   )。
    A. 全面普及学前教育
    B. 基本实现区域之间的教育公平
    C. 全面实施素质教育
    D. 优质教育资源总量不断扩大

【答案】　D

【解析】　《国家中长期教育改革和发展规划纲要(2010—2020 年)》提出的战略目标是:"到 2020 年,基本实现教育现代化,基本形成学习型社会,进入人力资源强国行列。"故选 D。

11. 素质教育的根本宗旨是(   )。
    A. 提高国民素质　　　　　　　　B. 贯彻教育方针
    C. 培养四有新人　　　　　　　　D. 适应市场经济需要

【答案】　A

【解析】　素质教育以提高国民素质为根本宗旨,以培养创新精神和实践能力为重点。故选 A。

12. (   )是全体教育工作者的基本信念。
    A. 以人为本　　　　　　　　　　B. 发展素质
    C. 提高能力　　　　　　　　　　D. 实现自我价值

【答案】　A

【解析】　新课改理念告诉我们,要坚持以人为本,育人为本。"一切为了学生,为了一切学生,为了学生的一切",应当成为每个教育工作者的基本信念。故选 A。

13. 涂尔干说:"教育是成年一代对社会生活尚未成熟的年青一代所实施的影响。其目的在于,使儿童的身体、智力和道德状况都得到激励与发展,以适应整个政治社会在总体上对儿童的要求,并适应儿童将来所处的特定环境的要求。"这种论断正确地指出了(   )。
    A. 儿童对成人施加的影响不是教育
    B. 教育是社会复制的工具
    C. 教育要促进人的个性化
    D. 教育具有社会性

【答案】　D

【解析】　涂尔干的这段话反映了教育具有社会性。故选 D。

14. 素质教育最突出的特点是（　　）。
   A. 德育　　　　　　　　　　　　B. 智育
   C. 人的发展　　　　　　　　　　D. 创新能力和创新精神
   【答案】　D
   【解析】　素质教育是面向全体学生的教育，是促进学生全面发展的教育，但素质教育最突出的特点是创新能力和创新精神。故选 D。

15. 教师在教育工作中要做到循序渐进，这是因为（　　）。
   A. 学生只有机械记忆的能力
   B. 教师的知识、能力是不一样的
   C. 教育活动要遵循人的身心发展规律
   D. 教育活动完全受到人的遗传素质的制约
   【答案】　C
   【解析】　循序渐进是指教学要按照学科的逻辑系统和学生认识发展的顺序进行，使学生系统地掌握基础知识和基本技能，形成严密的逻辑思维能力。在教学中之所以要循序渐进地进行，是由学生的身心发展规律决定的。故选 C。

二、材料分析题

材料分析题 1

阅读下面材料，回答问题：

赵峰是班里的数学科代表，不仅数学成绩好，其他各科成绩也都名列前茅。可是，他上课时发言积极，课余时间却不愿意与同学主动交流，也不喜欢参加班级活动，显得有些冷漠。每当有同学向他请教问题时，他总是先强调一下："连这样的题你都不会做？……那好吧，就由我来教教你吧……"久而久之，同学们渐渐疏远了他，他的成就感只能从老师的表扬和肯定中获得。虽然老师明知同学们都不喜欢赵峰，却视而不见。在学期评语中，班主任老师对他的学习成绩赞赏有加，对他在其他方面的表现却只字不提。数学老师也认为他是班上最优秀的学生。

问题：请从职业理念的角度评析材料中两位教师的教育行为。如果你是赵峰的老师，你会如何做？

【答案要点】

（1）两位教师的教育行为不符合职业理念中的"教育观""学生观"。（2）国家教委（教育部）《关于当前积极推进中小学实施素质教育的若干意见》中规定："素质教育是以提高民族素质为宗旨的教育。它是依据《教育法》规定的国家教育方针，着眼于受教育者及社会长远发展的要求，以面向全体学生、全面提高学生的基本素质为根本宗旨，以注重培养受教育者的态度、能力，促进他们在德智体等方面生动、活泼、主动地发展为基本特征的教育。素质教育要使学生学会做人、学会求知、学会劳动、学会生活、学会健体和学会审美，为培养他们成为有理想、有道德、有文化、有纪律的社会主义公民奠定基础。"①实施素质教育，就是全面贯彻党的教育方针，以提高国民素质为根本宗旨，以培养学生的创新精神和实践能力为重点，造就"有理想、有道德、有文化、有纪律"的、德智体美等全面发展的社会主义事业建设者和接班人。②实施素质教育应当贯穿于幼儿教育、中小学教育、职业教育、成人教育、高等教育等各级各类教育，应当贯穿于学校教育、家庭教育和社会教育等各个方面。③实施素质教育，必须把德育、智育、体育、美育等有机地统一在教育活动的各个环节中。学校教育不仅要抓好智育，更要重视德育，还要加强体育、美育、劳动技术教育和社会实践，使诸方面教育相互渗透、协调发展，促进学生的全面发展和健康成长。

（3）如果我是赵峰的老师：第一，对赵峰进行必要的素质教育，以德育为先，五育并举。德、智、体、美和劳动技术教育是学校教育活动的组成方面，素质教育作为完整的人的教育，必然要包括完整的教育的各个方面。这些教育的各个方面要与素质教育的理念有机结合起来。第二，在教育教学活动中做到以学生的全面发展为本，培养学生良好品行，激发学生创新精神，促进学生全面发展。不以分数作为评价学生的唯一标准。第三，正确运用评价方法，促进学生发展。在素质教育实践中，教育者在评价方法的运用上，一个基本的原则是：把促进学生发展作为评价的目的，而绝不能把评价只是作为一种"甄别与选拔"的方法。促进学生发展的素质教育的评价，是以能够促进学生素质发展来判断的。凡是能够促进学生素质发展的评价，就是正确的评价；凡是不能促进学生素质发展的评价，就是错误的评价。以促进学生发展为评价的目的，所重视的不是结果，而是过程。

材料分析题 2

阅读下面材料，回答问题：

在儿童节前夕，曙光幼儿园受到其他学校的邀请，准备排练节目。华华是曙光幼儿园中班的学生，由于爱好跳舞，向老师申请了参加《我们的祖国是花园》的舞蹈表演。但华华害羞，在训练过程中，由于放不开经常跳错，不是跟不上其他小朋友的节拍，就是动作不到位，负责训练的教师，总是当场严厉指责华华跳得不对，并斥责说："怎么有你这么笨的孩子呢，不会跳还报名干什么呢？"最后华华申请退出了舞蹈表演，并告诉家长说自己不会跳舞也不喜欢跳舞了。

问题：请从教师职业理念的角度，对上述材料进行分析。

【答案要点】

该老师的做法不恰当，违背了教师职业理念的素质教育内涵、新课改的教学观、教师观和"以人为本"的学生观，我们应该警惕。

素质教育是面向全体学生的教育。材料中，老师因为华华动作不到位就放弃了对她的教育，没有做到面向全体学生。

新课改的教学观认为，教学要从"教育者为中心"转向"学习者为中心"，教学的重点要从"关注学科"转向"关注人"。材料中，老师在教授小朋友舞蹈的过程中，没有做到以学生为中心，站在孩子的角度思考问题；也没有顾及华华的尊严和感受，伤害了华华的自尊心和人格尊严权。

"以人为本"的学生观认为，学生是发展的人，具有巨大的发展潜力；同时，学生是学习的主体和责权的主体。材料中，老师没有看到华华动作不到位的深层原因，没有看到她的发展潜力，并且侵犯了她的人格尊严权，这些都违背了新课改学生观的理念。

新课改的教师观强调，教师要从知识的传授者转变为学生学习的引导者和学生发展的促进者，在对待师生关系上，强调尊重、赞赏，在对待教学上，强调帮助、引导。材料中，老师只知道训斥学生，而没有尊重其人格，更没有帮助引导，违背了新课改的教师观。

总之，教师在教学过程中，不仅要关心每一个学生，尊重他们的人格尊严，同时还要因材施教，做好引导工作。

材料分析题 3

阅读下面材料，回答问题：

星期一，A 老师埋怨地说："孩子在家过了一个双休日，再回到幼儿园后，许多良好的行为习惯就退步了，不认真吃饭，乱扔东西，活动时喜欢说话，真不知孩子在家时，家长是怎么教育的！"站在一旁的 B 老师颇有同感地说："是啊，如果家长都能按我们的要求去教育孩子，我们的工作就好做多了！"A 老师接着说："这些家长不按我们的要求去做倒也罢了，还经常给我们提这样那样的意见，好像我们当老师的还不如他们懂得多，真拿这些家长没有办法……"

问题：请你运用幼儿园与家庭相互配合的有关理论，分析和评论 A、B 老师的教育观点，并具体谈谈家园合作对幼儿发展的重要意义与目前存在的误区。

【答案要点】

家园合作是指幼儿园和家庭都把自己当作促进儿童发展的主体，双方积极主动地相互了解、相互配合、相互支持，通过幼儿园与家庭的双向互动，共同促进儿童的身心发展。《幼儿园教育指导纲要》在总则里提出"幼儿园应与家庭、社区密切合作，与小学衔接，综合利用各种教育资源，共同为幼儿发展创造良好的条件。"在组织与实施中，《幼儿园教育指导纲要》又指出："家庭是幼儿园重要的合作伙伴，应本着尊重、平等、合作的原则争取家长的理解、支持和主动参与，并积极支持、帮助家长提高教育能力。"家园合作是幼教工作的重要组成部分，对于从家庭环境进入迥然不同的集体环境的新入园幼儿来说，家园合作的意义显得尤为重要。

目前，家园合作还存在一些误区。一是认为教师是专业教育工作者，而家长大部分不懂教育；二是家长认为自己忙，没有时间参与幼儿园教育工作；三是教师只在知识上要求家长配合，家长也只愿意督促孩子写字、做算术题、背英语单词；四是认为家长与老师"各司其职"，在家归家长管，在幼儿园归老师管。这就造成了家长在教育观念、方法方面与幼儿园的脱节，直接影响到幼儿园的正常教育工作。案例中的 A、B 两位教师的观点正是否认了幼儿园与家庭的紧密伙伴关系，否定了幼儿园教师、家长均为幼儿的教育主体，其观点是片面的、错误的。

材料分析题 4

阅读下面材料，回答问题：

一位教师在教"声音大小"这一单元时，发现幼儿的知识基础差别较大，于是对八位程度较高的幼儿提出了不同的要求，让他们用不同的方法研究声音。这八位幼儿不仅探讨了声音大小的规律，还合作探讨了怎样使声音变大、怎样使声音变小的规律，并将探究方法介绍给其他同学，进一步推动了全班的学习。

问题：结合教育观，分析该案例。

【答案要点】

案例反映了现代学习方式的两个特点：

（1）主动性。主动性是现代学习方式的首要特征，它对应于传统学习方式的被动性，二者在幼儿的具体学习活动中表现为我要学和要我学，我要学是基于幼儿对学习的一种内在需要，要我学则是基于外在的诱因和强制。幼儿学习的内在需要表现为学习兴趣。兴趣有直接或间接之分，直接兴趣指向过程本身，间接兴趣指向活动结果。幼儿有了学习的兴趣，特别是直接兴趣，学习活动对他来说就不是种负担，而是一种享受、一种愉快的体验。

（2）独立性。独立性是现代学习方式的核心特征，它对应于传统学习方式的依赖性。如果说主动性表现为我要学，那么独立性则表现为我能学。每个幼儿，除有特殊原因外，都有相当强的潜在的和显在的独立学习能力，不仅如此，每个幼儿同时都有一种独立的要求，都有一种表现自己独立学习能力的欲望，低估、漠视幼儿的独立学习能力，忽视、压制幼儿的独立要求，从而导致幼儿独立性的不断丧失，这是传统教学的根本弊端。教师应充分尊重幼儿的独立性，积极鼓励幼儿独立学习，并创造各种机会让幼儿独立学习，从而让幼儿发挥自己的独立性，培养独立学习的能力。值得强调的是，在基础教育阶段对待幼儿的独立性和独立学习，还要有一种动态发展的观点。从教与学的关系来说，整个教学过程是个"从教到学"的转化过程，也即从依赖到独立的过程。在这个过程中，教师的作用不断转化为幼儿的独立学习能力，随着幼儿独立学习能力由弱到强不断提高，教师的作用在量上也就发生了相反的变化，最后幼儿将实现基本甚至完全的独立。

材料分析题 5

阅读下面材料，回答问题：

目前，幼儿的早期教育越来越引起人们的重视。其中，幼儿学外语成为人们最为关注的热点，上英语兴趣班已成为一些幼儿家长的首选，有的英语教育公司一套幼儿英语教材要收 5 000 多元，有的"双语"幼儿班半年收费达 6 000 多元。一些家长质疑：幼儿学英语作用究竟有多大？

问题：对于这种现象，请你运用素质教育相关知识进行分析。

【答案要点】

从材料中，我们可以看出，很多家长走入了早期教育的误区。

幼儿阶段是智力开发的最佳期，是人格健全的关键期，因此，在幼儿期进行教育有利于个体今后的发展。但是在对幼儿进行教育时不能仅仅以开发智力为主，而是要促进幼儿体、智、德、美的全面和谐的发展。《幼儿园工作规程》中提出："遵循幼儿身心发展的规律，注重个体差异因材施教，引导幼儿个性健康发展。"因此，在幼儿教育中，还要掌握方式和方法，以游戏为基本活动，重视年龄特点和个体差异，从而有针对性地进行教育。

第二章

儿童观

一、单项选择题（每题只有一个正确答案，错选、多选或未选均无分）

1. 人们常说"聪明早慧""大器晚成"，这表明人的身心发展具有（　　）。
   A. 阶段性　　　　　　　　　　　　B. 互补性
   C. 顺序性　　　　　　　　　　　　D. 差异性

   【答案】　D

   【解析】　人的身心发展具有差异性。正常人的发展要经历一些共同的基本阶段，但个别差异仍然非常明显，每个人的发展优势（方向）、发展速度、高度（达到的水平）往往是千差万别的。需要说明的是，个体发展水平的差异不仅是由于个人的先天素质、内在机能的差异造成的，它还受到环境及发展主体在发展过程中的努力程度和自我意识的水平、自我选择的方向的影响。在教育工作中发现、研究个体间的差异特征，教育工作要做到"因材施教""长善救失"。故选D。

2. 某幼儿园把小学一年级语文、数学知识作为主要教学内容，这种做法有违（　　）。
   A. 儿童身心发展的稳定性　　　　　B. 儿童身心发展的个别差异性
   C. 儿童身心发展的互补性　　　　　D. 儿童身心发展的顺序性

   【答案】　D

   【解析】　儿童发展的顺序性指的是根据儿童身心发展的先行后续特征适时地开展教育教学活动。某幼儿园把小学一年级语文、数学知识作为主要教学内容的做法有悖于儿童发展的顺序性。故选D。

3. 王老师得知红红偷拿了同伴的玩具，没有当着全班幼儿的面批评红红，而是把红红叫到办公室耐心引导。王老师的做法（　　）。
   A. 正确，幼儿需要赏识　　　　　　B. 不正确，幼儿是有个性的人
   C. 正确，幼儿需要尊重　　　　　　D. 不正确，幼儿是有发展潜能的人

   【答案】　C

   【解析】　《幼儿园教育指导纲要》指出："教师应以关怀、接纳、尊重的态度与幼儿交往。耐心倾听，努力理解幼儿的想法与感受。"因而教师要尊重幼儿的行为。故选C。

4. 按引导发展原则的基本要求，幼儿教师应用（　　）的眼光看待幼儿。
   A. 怀疑　　　　　　　　　　　　B. 静态
   C. 歧视　　　　　　　　　　　　D. 发展
   【答案】　D
   【解析】　幼儿的身心处于不断发展的过程之中，因此幼儿教育必须以发展的眼光看待幼儿。故选 D。

5. 人本位的儿童观认为（　　）。
   A. 儿童是国家繁衍的工具　　　　B. 儿童是父母的私有财产
   C. 儿童是国家的财富　　　　　　D. 儿童享有生存权、发展权和教育权
   【答案】　D
   【解析】　人本位的儿童观主张以儿童为中心，认为教育的目的应该从儿童的本性出发，而不是从社会出发，儿童享有生存权、发展权和教育权。故选 D。

6. 主张教育要"顺应儿童自然的本性，让他们的身心自由发展"的人是（　　）。
   A. 孔子　　　　　　　　　　　　B. 孟子
   C. 卢梭　　　　　　　　　　　　D. 夸美纽斯
   【答案】　C
   【解析】　卢梭提倡自然教育。他所理解的自然，是指不为社会和环境所歪曲、不受习俗和偏见支配的人性，即人与生俱来的自由、平等、淳朴和良知。卢梭认为，人为的根据社会要求强加给儿童的教育是坏的教育，让儿童顺其自然地发展的教育才是好的教育。因此，他主张顺应儿童自然的本性，让他们的身心自由发展。故选 C。

7. 幼儿园应与（　　）密切合作，与小学相互衔接，综合利用各种教育资源，共同为幼儿的发展创造良好的条件。
   A. 中学、大学　　　　　　　　　B. 家庭、学校
   C. 社区、家庭　　　　　　　　　D. 社会、家庭
   【答案】　C
   【解析】　幼儿园、家庭、社区都是儿童经常接触的环境，因此应该密切合作，联合起来，共同为儿童创造一个好的环境。故选 C。

8. 尊重和保护幼儿原则并没有明确要求（　　）。
   A. 尊重幼儿的基本权利　　　　　B. 尊重幼儿的人格尊严
   C. 尊重幼儿的观点、意见　　　　D. 同意幼儿的主张、决定
   【答案】　D
   【解析】　尊重幼儿不是要同意幼儿的所有决定，而是在支持幼儿主张的基础上，帮助、引导幼儿做出恰当的决定。故选 D。

9. "发展适宜性原则"的提出是针对美国幼教界普遍出现的（　　）倾向提出来的。
   A. 幼儿教育成人化　　　　　　　B. 幼儿教育小学化
   C. 幼儿教育知识化　　　　　　　D. 幼儿教育特色化
   【答案】　B
   【解析】　"发展适宜性原则"是针对美国幼教界普遍出现的幼儿教育小学化的错误倾向提出来的。学前教育中最应该考虑的就是儿童的需要，并以此来设置课程，而不是进行

"小学化"的教育。故选 B。

10. 依据育人为本的理念，教师的下列做法中，不正确的是（　　）。
    A. 培养学生特性　　　　　　　　B. 发展学生潜能
    C. 尊重学生个性　　　　　　　　D. 私拆学生信件
    【答案】　D
    【解析】　育人为本，就要爱幼儿、尊重幼儿，相信每个幼儿都具有发展潜力，维护每个幼儿的人格与权利；公正地对待每一个幼儿，不因性别、民族、地域、经济状况、家庭背景和身心缺陷等歧视幼儿。故选 D。

11. 我国学前教育的新观念是培养（　　）。
    A. 完整儿童　　　　　　　　　　B. 健康儿童
    C. 社会儿童　　　　　　　　　　D. 聪明儿童
    【答案】　A
    【解析】　我国学前教育的新观念是培养完整儿童。故选 A。

12. 幼儿园教育目标的核心要求是（　　）。
    A. 全面发展　　　　　　　　　　B. 健康发展
    C. 提高素质　　　　　　　　　　D. 全面和谐发展
    【答案】　D
    【解析】　幼儿园教育目标的核心要求是全面和谐发展。故选 D。

13. "十个手指有长短"这句话表明，在学生发展过程中存在（　　）。
    A. 顺序性　　　　　　　　　　　B. 阶段性
    C. 互补性　　　　　　　　　　　D. 个体差异性
    【答案】　D
    【解析】　"十个手指有长短"表明学生发展过程中存在着个体差异性。故选 D。

14. 《关于幼儿教育改革与发展的指导意见》中提出，要充分尊重儿童的兴趣、需要，充分调动儿童的主动性、积极性，为儿童提供健康、丰富的生活和活动环境，强调儿童自身与环境的交互作用，让儿童主动选择、建构自己的经验，从而实现儿童的发展。体现了（　　）的思想。
    A. 儿童发展的整体观　　　　　　B. 儿童主体观
    C. 儿童生态观　　　　　　　　　D. 儿童全面发展观
    【答案】　B
    【解析】　充分尊重儿童的兴趣、需要，充分调动儿童的主动性、积极性，为儿童提供健康、丰富的生活和活动环境，强调儿童自身与环境的交互作用，让儿童主动选择、建构自己的经验，从而实现儿童的发展，体现了儿童主体观。故选 B。

15. 留守儿童小华身上有些不良行为习惯，带班老师应（　　）。
    A. 关心爱护小华，加强对他的行为养成教育
    B. 宽容理解小华，降低对他的要求并顺其自然
    C. 严厉责罚小华，令其尽快改变不良行为习惯
    D. 联系小华家长责令其督促小华改变不良行为习惯
    【答案】　A

【解析】 B项的错误在于教师可以宽容理解小华,但不能顺其自然,而应加强对他的行为养成教育。C项的错误在于不应严厉责罚小华。D项的错误在于将教育小华的任务推给在外打工的小华的父母,不切合实际,而且有推脱责任之嫌。故选A。

二、材料分析题

材料分析题1

阅读材料,回答问题:

刘老师经常带着孩子做模仿游戏,开始很受孩子们的欢迎。后来刘老师发现孩子们渐渐不愿意跟着老师模仿游戏了,而是自己创意。有一天孩子们对刘老师说:"老师,我们不想跟你那样做,我们想和你做得不一样!"刘老师说好,于是老师跺脚,孩子拍手,老师扮猴子,孩子扮老虎。孩子们做得特别认真。孩子们做出了很多平时没有做过的动作。刘老师发现游戏规则改变后更能吸引孩子们的注意力。孩子们的反应能力、想象能力和创造能力都得到了发展和提升。游戏的积极性和秩序性比原来更好了。

问题:从儿童观角度,评析刘老师的教育行为。

【答案要点】 体现了刘老师"育人为本"和"全面发展"的儿童观。

(1) 尊重儿童,促进儿童人格发展。当孩子们提出改变游戏规则,刘老师并没有制止或是批评儿童,而是同意儿童的提议,与儿童换角色来表演。这体现出刘老师尊重儿童的人格、平等对待儿童、培养儿童的求知欲和学习的积极性、发散儿童的思维能力并注重提高儿童的动作协调能力。以适当的教学活动,促进儿童身心健康发展。刘老师促进儿童富有个性、自主的人格发展,实质上是为儿童一生打下了坚实的基础。刘老师采取恰当的方法组织儿童活动,促进儿童在愉快的活动中得到身心健康的成长,使儿童在玩中学、学中玩的同时,发展他们艺术的想象力、创造力,促进其健全人格的形成。

(2) 挖掘儿童潜能,促进儿童全面发展。当游戏规则改变后,更为吸引儿童的注意力,儿童做了很多平时没有做过的动作,发展了儿童的反应能力、想象力和创造力,使得儿童智力得以进一步提高。轻松的教学活动在为儿童带来欢乐的同时,使其感受美的存在,满足了儿童全面发展的需要。

材料分析题2

阅读材料,回答问题:

亮亮喜欢打人,经常有小朋友因此找王老师告状。今天,小朋友们坐在餐厅等待吃饭时,明明经过亮亮身边,顺手戳了亮亮一下,亮亮还手打了明明一下。这时,王老师经过,看见亮亮打人,一把抓住他,用力狠狠戳他的头,推得他直摇晃,并生气地说:"看你还打人!"见到此情景,小朋友纷纷数落亮亮曾经打了自己,王老师听后更生气了,她用力拍打亮亮的肩膀,同时生气地大声吼道:"你真是讨人嫌!长得人不像人!"

问题:请从儿童观的角度,评价王老师的教育行为。

【参考答案】 王老师的教育行为是不恰当的,没有体现"以人为本"的儿童观。

首先,王老师没有用发展的眼光看待亮亮的行为,只要看到亮亮动手打人就用亮亮之前的行为来解释，而不会考虑这次事出有因。

其次，王老师没有尊重儿童的独立性，没有把亮亮看成具有独立人格的人和权利的主体。王老师"狠狠戳亮亮的头"，"大声吼"说亮亮"讨人嫌""长得人不像人"等侮辱性的言行都侵犯了儿童的权利和尊严。

最后，王老师应该考虑到儿童的独特性，意识到亮亮经常有打人的行为一定有背后的原因，作为老师应该因材施教，找出亮亮行为的原因，帮助亮亮取得进步。

材料分析题 3

阅读材料，回答问题：

目前，我国由于升大学竞争和就业竞争的现实性矛盾，使学校教育陷入应试教育的模式中，而这种竞争也影响到学前教育阶段，如社会上风行的"零岁方案""神童方案"。一些家长和幼教机构难以摆脱这种短视的教育做法，表现为重知识灌输轻能力培养、重智力培养轻人格因素培养等错误倾向。一些幼儿园迫于家长压力或经济利益的驱动，办起了各式各样的兴趣班、特长班。

问题：结合幼儿全面发展教育，分析以上现象。

【答案要点】 幼儿全面发展的教育是指以幼儿身心发展的现实与可能为前提，以促进幼儿在体、智、德、美诸方面全面和谐发展为宗旨，并以适合幼儿身心发展特点的方式、方法、手段加以实施的、着眼于培养幼儿基本素质的教育。对幼儿实施全面发展教育是我国幼儿教育的基本出发点，也是我国幼儿教育法规所规定的幼儿教育的任务。

材料中所谈到的家长及幼儿教育机构实施重知识轻能力、重智力轻人格的教育是不符合幼儿全面发展的教育，主要表现为教育内容的片面性。我国幼儿园教育的目标是"对幼儿实施体、智、德、美等方面全面发展的教育，促进其身心和谐发展"。在幼儿阶段，身体的正常发育和机能的健全发展较以后各年龄阶段更为重要。但材料中对幼儿的教育集中于智育，尤其是知识的教育。这种一味地追求某个方面发展，忽视幼儿的全面发展的教育，其结果可能严重损伤儿童生长发育的自然进程，造成儿童期、青少年期乃至成人期体力、心智、能力、性格和气质发展迟缓、压抑和伤害。

另外，教育过程应该遵循幼儿身心发展规律。幼儿的发展具有一定年龄特征和规律，是一个按照一定顺序、不断从低级到高级发展的过程。教育目标如果不符合幼儿发展的规律，不符合幼儿个体的发展需要和可能性，不仅教育效果差，更严重的是会损伤幼儿的学习兴趣和潜能的发展。

材料分析题 4

阅读材料，回答问题：

昆特女士教八年级的英语课。一天，刚上课时她就很兴奋地宣布："我想告诉你们，咱们班出了一个诗人。弗兰克写了一首很美的诗，我想读给大家听听。"昆特女士朗读了那首诗，它的确很美。然而，昆特女士注意到弗兰克的脸红了，看上去非常不安。班上有些同学在窃窃私语。后来，昆特女士问弗兰克是否愿意再写一首诗去参加全市的诗歌比赛，他说再也不写了，因为他真的觉得自己在这方面并不擅长，并且也没有时间写。

问题：（1）你认为弗兰克为什么会有上述反应？

(2) 为了鼓励弗兰克，昆特女士应该怎么做？

【答案要点】

（1）学生的表现与他所处的年龄阶段有关，按照皮亚杰的心理发展观，这个年龄段的孩子的心理还不成熟而且比较复杂。他们通常完全以自己的立场、观点分析看待事物，不考虑事物的客观性。过分地关注自我、过多反省、自我封闭、孤芳自赏、敏感、多疑，导致老师公开读他的作文时，有了种种不情愿的表现，在该同学的眼里自己的文章是一种隐私，尽管写得好也不希望拿出来公开读。显然，老师的做法不符合他的心理特征，引起了他的反抗和淡漠，害怕自己的文章再被公开读，从此不再想写好作文，表现为不再积极上进。

（2）昆特女士应该争取得到弗兰克的同意，可以在课堂上说："弗兰克同学的作文这次写得很好，有兴趣的同学课下可以找他借来欣赏一下。"这样既尊重了学生本人的意见，又不会使他觉得有压力，还可使大家欣赏到他的美文，并且还能激发他的写作兴趣，有助于他向正确的方向发展。

材料分析题 5

阅读材料，回答问题：

在"新时期中小学师生关系大调查"中，从学生答卷反映的情况看，当学生遇到困难时，只有12.3%的学生首先想到教师；"心里有话要说的时候"，只有48%的学生找老师说。而从教师答卷调查结果看，却有90.2%的教师认为"所有学生"或者"大部分学生都很信任"自己，有81%的教师愿意与"所有学生"，或者"一部分学生"交朋友。而当调查问到"有人认为，对学生适当体罚是必要的"，居然有53%教师表示"可以理解"，认为"确实有一定效果"。

问题：对材料中的问题你有什么看法？你认为新时期的师生关系应该是怎样的？

【答案要点】

（1）调查的结果表明，这些教师还没有树立起科学的学生观，他们并不了解学生或对学生了解得很少，不可能根据学生的特点及身心发展规律对学生实施有效的教育，教育的方式方法就会出现偏颇。

（2）新时期的师生关系应建立在民主、平等、尊重的基础上。教师应关心爱护全体学生，尊重学生的个性，促进学生在德、智、体等方面全面发展，教师对学生要亲切关怀、耐心帮助、平等相待，做学生的知心人；教师要公正无私，关心热爱每一个学生，尤其是落后生、差生；要杜绝打骂等体罚或变相体罚学生的现象，只有这样才能建立起新时期新型的师生关系。

第三章

教师观

一、单项选择题（每题只有一个正确答案，错选、多选或未选均无分）

1. 第斯多惠曾说："教师本人是学校最重要的师表；是最直观的、最有教益的模范，是学生最活生生的榜样。"这说明教师劳动具有（　　）。

    A. 创造性   B. 示范性

    C. 长期性   D. 复杂性

【答案】 B

【解析】 教师劳动具有示范性。教育是培养人的活动。教育活动这一本质特点，决定了教师的劳动必然带有严格的示范性。"师者，人之模范"。教师劳动与其他劳动的一个最大区别就在于，教师的劳动对象是未成熟而又相对独立的"人"，并以自己的思想、学识、言行和人格，通过示范的方式去直接影响学生。我们知道，学生具有尊敬教师、乐于接受教师的教导，以教师为表率，即所谓"向师性"的特点。特别是小学生的模仿性更强，对教师有一种特殊的信任和依赖之情，教师在他们的心目中有崇高的威信。教师的一言一行、道德风貌、行为习惯、个性特征等都会通过言传身教潜移默化地影响着学生。所以，教师必须严格要求自己，以身作则，时时处处用自己的积极行为去影响学生的行为，用自己的良好个性去影响学生的个性，用自己的正确态度去影响学生的态度，以便取得最佳教育效果。故选B。

2. 老师在组织规则游戏时，发现有孩子开小差。老师应采取的措施是（　　）。

    A. 点名批评，制止这种行为

    B. 继续游戏，完全视而不见

    C. 大发雷霆，把幼儿赶出活动室

    D. 轻拍幼儿，提醒幼儿集中精力

【答案】 D

【解析】《幼儿园教育指导纲要》指出："教师应关注并敏感地察觉幼儿在活动中的反应。按计划进行的活动或提供的材料不能引起所期望的反应时，应主动反思，寻找原因，及时调整活动计划或教育行为使之适合于幼儿的学习。"幼儿普遍存在注意力不易集中等问题，教师要及时引导。故选 D。

3. 李老师认真学习《幼儿园教师专业标准（试行）》，并制定了自己的专业发展规划。李老师的做法体现了（　　）。
   A. 终身学习的理念　　　　　　　B. 先进的管理策略
   C. 良好的沟通能力　　　　　　　D. 高超的教育技能

【答案】 A

【解析】 幼儿教师要具有终身学习的理念，体现在学习先进学前教育理论，了解国内外学前教育改革与发展的经验和做法，优化知识结构，提高文化素养；具有终身学习与持续发展的意识和能力，做终身学习的典范。李老师的做法体现了这一点。故选 A。

4. 在履行教育义务的活动中，教师最主要、最基本的道德责任是（　　）。
   A. 依法执教　　　　　　　　　　B. 教书育人
   C. 爱岗敬业　　　　　　　　　　D. 团结协作

【答案】 B

【解析】 教师是履行教育教学职责的专业人员，承担着教书育人、培养社会主义事业建设者和接班人、提高民族素质的使命。教师在履行教育义务的活动中，最主要、最基本的道德责任是教书育人，这也是教师区别于其他职业的根本所在。故选 B。

5. 教师角色扮演的先决条件是（　　）。
   A. 教师角色认知　　　　　　　　B. 教师角色体验
   C. 教师角色期待　　　　　　　　D. 以上答案都不正确

【答案】 A

【解析】 角色认知是指角色扮演者对社会地位、作用及行为规范的实际认识和对社会其他角色关系的认识。任何一种角色行为只有在角色认知十分清晰的情况下，才能使角色很好地扮演。角色认知是角色扮演的先决条件，一个人能否成功地扮演各种角色，取决于对角色的认知程度。故选 A。

6. 加强师德建设是具有社会意义的重要工程，是贯彻（　　）的现实需要。
   A. 依法治国　　　　　　　　　　B. 以德治国
   C. 以人为本　　　　　　　　　　D. 均衡发展

【答案】 B

【解析】 教师以自己的道德风范直接影响学生，再通过学生向社会扩散，推进社会道德风尚的进步。所以，加强师德建设是具有社会意义的重要工程，是贯彻以德治国的现实需要。故选 B。

7. 教师职业道德修养的基本原则不包括（　　）。
   A. 坚持知与行的统一　　　　　　B. 坚持动机和效果的统一
   C. 坚持继承和创新相结合　　　　D. 确立可行目标，坚持不懈努力

【答案】 D

【解析】 教师职业道德修养的基本原则有坚持知与行的统一；坚持动机和效果的统一；坚持自律与他律的统一；坚持个人与社会相结合；坚持继承与创新相结合。故选 D。

8. 曾揭示教师示范角色的特点，并指出"教师的职业是用自己的榜样教育学生"的人是（　　）。

A. 乌申斯基 B. 夸美纽斯
C. 赫尔巴特 D. 杜威

【答案】 B

【解析】 教育家夸美纽斯提出，教师的职业是用自己的榜样教育学生。这揭示了教师示范角色的特点。故选 B。

9. 师生在教育内容的教学上应该是（ ）。
A. 平等关系 B. 相互促进关系
C. 授受关系 D. 和谐关系

【答案】 C

【解析】 师生关系是指教师和学生在教育教学活动中结成的相互关系，包括彼此所处的地位、作用和态度等。师生关系是教育活动过程中人与人关系中最基本、最重要的关系。教师与学生在教学上是授受关系，在人格上是平等关系，在社会道德上是相互促进关系。故选 C。

10. "捧着一颗心来，不带半根草去"，体现了教师的（ ）。
A. 职业道德素质 B. 科学文化素质
C. 思想政治素质 D. 教育理论素质

【答案】 A

【解析】 "捧着一颗心来，不带半根草去"是著名教育家陶行知先生的名言，这句话说明了教师的职业道德素质的高尚和无私。故选 A。

11. 幼儿教师要事无巨细，对幼儿一日活动的各个环节给予关心和帮助，这体现了幼儿教师劳动的（ ）。
A. 细致性 B. 烦琐性
C. 微妙性 D. 平凡性

【答案】 A

【解析】 幼儿教师劳动的细致性表现为幼儿教师要事无巨细，对幼儿一日活动的各个环节都给予关心和帮助。故选 A。

12. 有人曾经说过："教师不是传声筒，也不是照相机，而是艺术家、创造者。"这说明教师职业劳动的过程具有（ ）。
A. 时代性 B. 随机性
C. 无规律性 D. 创造性

【答案】 D

【解析】 由于教师面对的劳动对象是多样的、复杂的，在教育教学中又经常会遇到这样那样的问题，教师必须针对每个学生的特点，灵活地运用教育原则，采用不同的教育教学方法，同时要具备一定的教学机智。因此，教师的劳动是一种创造性劳动。故选 D。

13. （ ）是教师同事之间良好沟通的基础。
A. 少争多让、善于倾听 B. 容忍异己、理解宽容
C. 坦诚相见、赞美欣赏 D. 巧用语言、珍学情谊

【答案】 C

【解析】 教育工作的本质决定了教师之间必须是合作的关系，因此教师必须学会与同

事进行良好的沟通。坦诚相见、赞美欣赏是教师同事之间良好沟通的基础。故选 C。

14. 教育教学工作应当注重培养学生（　　），促进学生的全面发展。

   A. 独立思考能力、创新能力和实践能力
   B. 团队合作的能力、创新能力和实践能力
   C. 沟通能力、创新能力和实践能力
   D. 辩证分析问题的能力、创新能力和实践能力

   【答案】　A

   【解析】　教育教学工作应当符合教育规律和学生身心发展的特点，面向全体学生，教书育人，将德育、智育、体育、美育等有机统一在教育教学活动中，注重培养学生独立思考能力、创新能力和实践能力，促进学生的全面发展。故选 A。

15. 教师热爱学生的内容最重要的是（　　）。

   A. 要把热爱事业与热爱学生结合起来
   B. 关心学生、了解学生
   C. 尊重学生、信任学生
   D. 严格要求学生，对学生一视同仁

   【答案】　B

   【解析】　教师热爱学生的内容最重要的是关心学生、了解学生。教师只有做到关心学生的学习、生活；了解学生各方面的特点，才是真正地热爱学生，才能做好教育工作。故选 B。

二、材料分析题

材料分析题 1

阅读下面材料，回答问题：

在课间时，一个孩子不慎在厕所里弄得裤子、鞋子上都是粪便，张老师给她脱掉满是粪便的裤子和鞋子，一遍遍帮她清洗身体，并把衣服洗得干干净净。当这位孩子接过衣服的时候，两眼含着感激的泪水说："张老师，你比妈妈还好。"这话一点儿也不夸张。不知有多少次，她给呕吐的孩子打扫脏物，给孩子系裤子、擦鼻涕；也不知有多少次，她给孩子买早餐，从家里端来开水，给孩子服药，一连两个月给患眼病的孩子上眼药，背着烫伤脚的孩子上厕所，送回家。有多少家长拉着张老师的手说："孩子交给您，我们心里踏实。"

问题（一）请分析说明张老师担当的角色？
问题（二）简要谈谈你对这一角色的认识。

【答案要点】

问题（一）：张老师扮演的是"家长代言人"的角色。案例中的张老师给幼儿清洗身体，洗净衣服，打扫脏物，而且经常给幼儿买菜送饭送水送药，上学放学来回接送，真正做到了对幼儿的无微不至的关怀和爱护，受到了幼儿及家长的爱戴。

问题（二）：教师与其他职业人员的一个重要区别在于教师要经常扮演慈母的角色。从幼儿角度来说，幼儿对教师的态度很像对自己父母的态度，视教师为长辈，充满尊敬、依恋之情；从家长角度来说，他们已将管理、教育孩子的责任部分地移交教师，希望教师成为自

己在教育子女方面的指导者和释难者；同时也会要求子女听从教师的教诲。教师对幼儿充满热情、希望和信心，不仅反映在学习上悉心指导，在生活和情感上无微不至关怀，而且反映在安全上给予保障。

材料分析题 2

阅读下面材料，回答问题：

一天，一位老师给学生上科学课，主题是"寻找有生命的物体"。老师安排学生在校园里甚至校外的大自然里寻找有生命的物体，并做记录。走出课堂的孩子们显得很兴奋，不久一位同学跑过来说："老师，我捉到一只蚂蚱！"其他同学也围过来看，突然，一个同学说："这是只公的。"围观的同学哄堂大笑。老师问道："你怎么知道的？""我观察的，公蚂蚱有劲，跳得高。"他自信地说。这是孩子最直接的推理，确实难能可贵！老师及时表扬道："你真是一个小生物学家，科学就是提出问题、研究问题、解决问题，希望你能认真研究一番。"孩子认真地点点头，就在这时，一位同学跑过来告状："一个同学把蚂蚱踩死了。"老师很快意识到这是一个绝好的教育机会。他走过去，几个同学正在气呼呼地责备那个同学。这位老师说："一个蚂蚱也是一个有生命的物体。我们应该爱护每一个有生命的物体。我相信，这位同学一定是无意踩死的。这样吧，老师提一个建议，不如挖一个坑，把它安葬了吧！"于是，在学校的草地上，举行了一个特殊的"葬礼"。可以说在潜移默化中，学生对生命的理解和珍惜，会比多少遍说教都来得有效！

问题：试从教师职业理念的角度，评析老师的教学行为。

【答案要点】

教师职业理念包括教育观、学习观、教师观。

素质教育的教育观指出，素质教育是以人的素质发展为核心的教育，要求做到面向全体，促进学生全面发展，重视培养学生的创新精神和实践能力，培养学生主动精神，注意学生个性发展，着眼于学生的终身可持续发展。

以人为本的学生观就是在教育活动中以学生为本，以学生的全面发展为本，以全体学生的全面发展为本，认为学生是发展的、独特的、具有独立意义的人。

在教师角色方面，现代教师观认为教师是学生学习的促进者、教育教学的研究者、课程的建设者和开发者、社区型的开放的教师。在教师行为方面，现代教师观提倡尊重、赞赏学生，帮助、引导学生，注重反思与合作，关注自身专业发展。

这位教师通过户外实践的形式给大家上科学课，对学生的思考及时进行鼓励，抓住"蚂蚱被踩死了"这个教育契机，全方位调动了学生的主动性和积极性，使学生积极思考、学习，体会到生命的可贵，尊重每个生命。因此，这位教师的教学行为最大限度地发挥了教师的作用，体现了素质教育的教育观、以人为本的学生观，以及现代教师观。

材料分析题 3

阅读下面材料，回答问题：

在幼儿园中，教师要学会与幼儿沟通。比如，要熟记每个幼儿的名字，这样幼儿会感到非常亲切，对教师的话做出积极反应；教师与幼儿交谈时，语言要简单明确，才容易被幼儿接受；教师说话的态度要友善，比如："我很喜欢听你的描述，相信其他小朋友都会喜欢。"

"你这一次比上一次说得更清楚了。"在交流的时候,教师要注意与幼儿的目光接触,要耐心倾听幼儿的谈话,做出积极反馈。现实生活中,有的老师能灵活运用其交流技能,有的老师则因为与幼儿缺乏有效沟通而苦恼。

问题:请从幼儿教师需要具备的能力出发,谈谈教师如何与幼儿实现有效的沟通。

【答案要点】

(1)幼儿教师要实现与幼儿的有效沟通,需要具备相应的知识与能力。其中,沟通能力在幼儿教育过程中尤为重要。教师与幼儿的沟通主要有非言语沟通与言语沟通两个方面。非言语沟通包括教师通过微笑、点头、抚摸等沟通。教师与幼儿的身体接触有利于安定幼儿的情绪,让幼儿消除紧张,感到温暖、安全。言语沟通是指教师和幼儿进行直接交谈。教师要抓住机会、选择话题、引发和延续谈话、激发和幼儿谈话的兴趣和积极性,运用灵活机智的策略和丰富的经验技巧,与幼儿之间平等地、民主地交流,这样可以取得较好的效果。

(2)幼儿教师要与幼儿实现有效的沟通,除教师要与幼儿平等交流以外,还需要掌握一些技能:

第一,引发交谈的技能。教师要善于抓住时机、创造气氛,发现幼儿感兴趣的话题,将幼儿自然吸引过来。

第二,倾听的技能。用恰当的言语或非言语方式热情地接纳和鼓励幼儿谈话、提问,让幼儿产生受到尊重的喜悦感和自信心。利用目光接触是比较好的积极反馈方式。

第三,扩展谈话和结束交谈的技能。教师要学会用幼儿理解的方式引导幼儿将谈话持续下去。同时,也要在适当时候结束谈话。

第四,面向全体,注意个体差异。针对不同语言能力的幼儿采取不同的内容、方式进行沟通,多鼓励、多倾听,有效刺激幼儿交谈。

材料分析题 4

阅读下面材料,回答问题:

党的十八大报告中指出办好学前教育,均衡发展九年义务教育,基本普及高中阶段教育,加快发展现代职业教育,推动高等教育内涵式发展,积极发展继续教育,完善终身教育体系,建设学习型社会。大力促进教育发展,合理配置教育资源,重点向农村、边远、贫困、民族地区倾斜,支持特殊教育,提高家庭经济困难学生的资助水平。积极推动农民工子女平等接受教育,让每个孩子都能成为有用之才,鼓励引导社会力量兴办教育。

问题:结合教育教学实际,谈谈你对终身学习的认识。

【答案要点】 终身教育是适应科学知识的加速增长和人的持续发展要求,逐渐形成的一种教育思想和教育制度,它的本质在于,现代人的一生应该是终身学习、终身发展的一生。

教师肩负着教书育人的重任,如果教师不能经常更新自己的知识结构,不能对新知识保持好奇与敏锐,教师就不可能给予学生新的知识。因此教师不再是一次性的学习,而是需要持续地学习,从而扩展知识领域、提高教学水平。

(1)学会学习。在当今社会,学会获取知识的方法比获取知识本身更为重要。作为教师,更应该学会学习,养成良好的学习习惯,使学习成为自己的一种生活方式。

(2)通晓自己所教的学科。教师要深入了解自己所教学科的知识以及前沿的新发展,成为学科专家。

（3）学习有关教育的学问。教师也要进行科研，教师必须是一个教育专家，必须在学习专业学科的同时掌握其他相关教育的学问，如心理学、教育哲学、教育技术、管理学等。

（4）学习信息技术。教育信息化主要强调将现代化信息技术转化为现代教学手段。它包括两类：一类是视听技术，如广播、电影、影视、录像等；另一类是信息处理技术，主要是计算机和微型电脑的操作技术。

材料分析题5

阅读下面材料，回答问题：

有三位分别来自中国、日本和美国的老师教学生画苹果。

中国老师走进教室说："同学们，上一节美术课我们学习了画水杯，这一节课我们学习画苹果，大家先观察我是怎样画的。注意，先画一个正方形，注意，这个正方形要画得轻一些，因为最后要擦掉……好了，老师画完了。现在请大家拿出美术本开始画。"——中国学生一次就画出了最像苹果的"苹果"。

日本老师手拿着一个苹果走进教室："同学们，这是什么？……对，这是苹果。大家喜不喜欢？如果喜欢，大家可以看一看，闻一闻，摸一摸……但这个苹果不能吃，因为只有一个，我们这一节课要学习画苹果。"然后将苹果放在讲台上，"现在，大家可以画苹果了。"——学生自己观察着苹果，第一次画得可能像梨，第二次画得就有些像苹果了。

美国老师提着一篮子苹果走进教室："同学们，这是什么？……对，是苹果。大家喜不喜欢？如果喜欢，大家可以上来拿一个。"同学们各自拿了一个苹果。老师接着说："大家可以看一看，闻一闻，摸一摸，玩一玩。这些苹果老师都洗干净了，如果喜欢，还可以把它吃掉。"一段时间过去了，许多同学已经吃掉了苹果。这时，老师开始布置任务："同学们，我们这一节课要画苹果，现在请大家在自己的本子上画苹果。"——苹果已经吃掉了，学生第一次画得可能像南瓜，第二次可能像梨，第三次画得才有点像苹果。

问题：结合案例，分析中、日、美三国教育的差异以及给你的启示。

【答案要点】

（1）中国、日本和美国的教育方式截然不同。中国的教育是填鸭式教学，教师画好，学生照着老师的画，很快就达到了教学目标，但没有给学生提供发挥创造性的机会；日本的教育教学条件相对宽松，学生可以根据自身的理解，适度地自主学习；美国的教育则是种开放式的教育方式，要求学生不仅要自己理解，还要有所创新。

（2）材料中三个国家的教育告诉我们实施素质教育是十分必要的。素质教育不是针对部分学生的"精英教育"，而是面向全体学生、为了全体学生的"大众教育"；不是压抑学生发展的"片面教育"，而是促进学生德智体美和谐发展的"全面教育"；不是追求升学率的"被动教育"，而是鼓励学生热爱学习、创新思考和乐观生活的"主动教育"。

应试教育与素质教育的差别在于：第一，素质教育重视学生德智体美全面发展，应试教育只顾抓升学率；第二，素质教育重视改善学生的知识结构，应试教育只按考试要求向学生传授知识；第三，素质教育重视学生创新精神和实践能力的培养，应试教育只注重向学生传授考试技能。

为了提高全民素质，培养建设社会主义的一代新人，我们必须重视素质教育，改善不良的教育现状。

模块二 教育法律法规

第一章

教育法律、法规、政策概述

一、单项选择题（每题只有一个正确答案，错选、多选或未选均无分）

1. 教师张某对学校给予的处分不服，根据相关法律，他可以采用的法律救济途径是（　　）。
   A. 教师申诉　　　　　　　　　B. 刑事诉讼
   C. 申请仲裁　　　　　　　　　D. 民事诉讼
   【答案】　A
   【解析】　我国实施教育申诉制度，教师申诉是对教师权益的重要保障。教师申诉是指当教师的政治权益受侵犯时，有权向所属机构或者上级机关提出申诉，要求做出相应的处理。故选A。

2. 我国教育法律关系主体的主要类型包括（　　）。
   ①公民　　②企业、事业单位和其他社会组织　　③国家机关　　④国家
   A. ①②③④　　　　　　　　　B. ①②
   C. ①②④　　　　　　　　　　D. ①②③
   【答案】　D
   【解析】　我国教育法律关系主体的主要类型：一是公民（自然人），包括我国公民，以及居住在中国境内或在境内活动的外国公民或者无国籍人；二是组织和机构（法人），主要包括国家机关及组织、企事业单位。故选D。

3. （　　）是一项专门保护教师权益的法律制度。
   A. 教师申诉制度　　　　　　　B. 教育行政复议
   C. 教育行政诉讼　　　　　　　D. 教育行政赔偿
   【答案】　A
   【解析】　我国实施教育申诉制度，教育申诉制度包括教师申诉制度和学生申诉制度。其中，教师申诉制度是教师权益的重要保障，是指当教师权益受侵犯时，有权向主管行政机关提出申诉，要求做出相应处理的制度。故选A。

4. 教育法律关系客体包括（　　）。

①物　　②行为　　③人身利益

A. ①②③ B. ①③

C. ①② D. ②③

【答案】　A

【解析】　教育法律关系客体是指权利和义务所指向的对象，主要包括三类：物、行为和人身利益。物包括一切可以成为财产权利对象的自然之物和人造之物。行为是指权利和义务所指向的作为或不作为。人身利益包括人格利益和身份利益，主要是指公民或者组织的名称以及公民的生命健康、身体、名誉、身份隐私等。故选A。

5. 学生对学校做出的各种处分不服的，如警告、严重警告、记过、留校察看、勒令退学、开除学籍等，可以通过向主管行政机关提出申诉，维护自身合法权益。这属于（　　）。

A. 行政复议 B. 民事诉讼

C. 行政赔偿 D. 学生申诉制度

【答案】　D

【解析】　我国实施教育申诉制度，教育申诉制度包括教师申诉制度和学生申诉制度。其中，学生申诉制度是指学生对学校给予的处分不服，或认为学校、教师侵犯了他们的合法权益，可依法向主管行政机关提出申诉，维护自身合法权益的制度。故选D。

6. 教育法律权利的表现形式不包括（　　）。

A. 行为权 B. 要求权

C. 请求权 D. 申诉权

【答案】　D

【解析】　教育法律权利是指教育法律关系主体依法享有的某种利益。它通常包括以下表现形式：行为权、要求权、请求权。故选D。

7. 教育法律义务的表现形式包括（　　）。

①不作为　　②积极作为　　③接受国家强制

A. ①②③ B. ①③

C. ①② D. ②③

【答案】　A

【解析】　教育法律是指教育法律关系主体依法所应承担的某种责任。它通常包括以下表现形式：不作为、积极作为、接受国家强制。故选A。

8. 教育法规的特点包括（　　）。

①主体的复杂性　　②调整范围的广泛性　　③法律后果的特殊性

A. ①②③ B. ①③

C. ①② D. ②③

【答案】　A

【解析】　教育法规除了具有"由国家制定或认可、一种行为规范、以国家强制力保障实施"等本质属性外，还具有主体的复杂性、调整范围的广泛性、法律后果的特殊性等特点。故选A。

9. 教育法规的体系有如下层次（　　）。

①宪法中有关教育的条款、教育基本法　②教育单行法　③教育行政法规、地方性教育法规　④教育规章

A. ②③　　　　　　　　　　　　　　　B. ①③
C. ①②③　　　　　　　　　　　　　　D. ①②③④

【答案】　D

【解析】　所谓的教育法规体系，是指不同形式的教育法律法规按照一定的原则有机结合的、协调统一的法律规范体系。教育法规的体系包括：宪法中有关教育的条款、教育基本法、教育单行法、教育行政法规、地方性教育法规、教育规章六个层次。故选D。

10. 下列关于教育法规的原则的描述，不正确的是（　　）。
A. 坚持教育的社会主义方向，保证各级各类教育事业协调发展
B. 坚持全面发展的教育基本方针，保障公民平等的受教育权利
C. 确立不同主体的责任，维护教育的公共性原则
D. 素质教育要面向全体学生，不让一个学生掉队

【答案】　D

【解析】　教育法规的原则是教育法律体系中所有法律法规应当维护和遵循的总原则，也是依法治教、完善教育法制的基本准则。我国教育法规的原则体现于我国宪法和教育法的有关规定中，其基本内容包括：坚持教育的社会主义方向，保证各级各类教育事业协调发展；坚持全面发展的教育基本方针，保障公民平等的受教育权利；确立不同主体的责任，维护教育的公共性原则。故选D。

11. 教育法规的功能有（　　）。
①规范功能　②标准功能　③预示功能　④强制功能
A. ②③　　　　　　　　　　　　　　　B. ①③
C. ①②③　　　　　　　　　　　　　　D. ①②③④

【答案】　D

【解析】　教育法规的功能是指由教育法规的属性、内容及其结构所决定的教育法的效用。它是教育法具有生命力的内在依据。具体包括规范功能、标准功能、预示功能、强制功能。故选D。

12. 教育政策有着与其他政策相似的一些特点。这些特点表现在（　　）。
①指向明确　②相对稳定　③影响广泛　④体现统治阶级意志和不具强制性
A. ②③　　　　　　　　　　　　　　　B. ①③
C. ①②③　　　　　　　　　　　　　　D. ①②③④

【答案】　D

【解析】　教育政策是党和国家为实现一定历史时期的教育发展目标和任务，依据党和国家在一定历史时期的基本任务、基本方针而制定的关于教育的行动准则。教育政策有着与其他政策相似的一些特点。这些特点表现在指向明确、相对稳定、影响广泛、体现统治阶级意志和不具强制性。故选D。

13. 根据制定政策的主体分类，可将教育政策分为（　　）。
①政党的教育政策　②国家的教育政策　③社会团体的教育政策
A. ①②③　　　　　　　　　　　　　　B. ①③

C. ①②　　　　　　　　　　　　D. ②③

【答案】　A

【解析】　根据制定政策的主体分类，可将教育政策分为政党的教育政策、国家的教育政策、社会团体的教育政策；根据政策的内容与层次，可分为总政策、基本政策和具体政策；根据效力范围的角度分类，可分为全局性政策和区域性政策；根据政策所起作用的角度分类，可分为鼓励性政策和限制性政策。故选A。

14. 下列描述中，不属于教育法规的本质属性的是（　　）。

　　A. 教育法是由国家制定或认可的
　　B. 教育法是一种行为规范
　　C. 教育法是以国家强制力保障实施的行为规范
　　D. 教育法必须坚持社会主义方向

【答案】　D

【解析】　教育法规是一切调整教育关系法律规范的总称，即有关教育方面的法律、条例、规章等规范性文件的总和，是现代国家管理教育的基础和基本依据。其基本属性有：教育法是由国家制定或认可的；教育法是一种行为规范；教育法是以国家强制力保障实施的行为规范。故选D。

15. 根据教育法规的效力等级和内容重要程度的不同，可分为（　　）。

　　A. 成文法和不成文法　　　　　　B. 根本法和普通法
　　C. 实体法和程序法　　　　　　　D. 一般法和特殊法

【答案】　B

【解析】　根据教育法规的创制方式和表达方式不同，可分为成文法和不成文法；根据教育法规的效力等级和内容重要程度的不同，可分为根本法和普通法；根据教育法规的内容不同，可分为实体法和程序法；根据教育法规的适用范围不同，可分为一般法和特殊法。故选B。

二、材料分析题

材料分析题1

阅读下面材料，回答问题：

某中学组织学生到另一学校参加考试，出发前专门对学生进行了安全教育。上午考试结束后，教师要求学生在原地休息，不得私自外出，尤其不得到附近游泳。16岁的黄某不听安排，利用上厕所的机会，私自翻墙到后院的河湾中游泳，不幸溺水身亡。

问题：根据学过的教育法律法规知识回答，学校对此事件是否负责？为什么？

【答案要点】

学校不承担责任。

黄某是限制行为能力的人。但就其16岁的年龄而言，他完全知道野泳的危险性，学校也告知了这样做的危险性，可他违反学校的纪律，私自翻墙出去野泳造成事故。学校在教育管理上并无过错。

学生黄某违反纪律，实施其年龄本应该知道的危险行为，故学校不承担责任。

材料分析题 2

阅读下面材料，回答问题：

学生张某行走在教学楼时，突然贴在教学楼墙上的瓷砖脱落，正好砸在张某的头部，张某当即摔倒在地，经医院检查为轻度脑震荡。

问题：请根据学过的法律知识分析学校是否应该承担责任。

【答案要点】

学校应当承担责任。

学生张某对造成自己伤害的事件无法预见也无法避免，虽然张某无法证明学校有过错，但只要学校不能证明自己对损害的发生没有过错，就要承担民事责任。

所以学校应当承担责任。

材料分析题 3

阅读下面材料，回答问题：

小学生武某上课时，起立回答问题，后排的同学陈某用脚将武某的椅子移开，结果武某重重地坐到了地上。武某当时身体没有任何异样，老师也只批评了陈某几句，就继续上课。可是三天后，武某感到腿脚发麻，后来发展为没办法正常坐着上课。父母将她送往医院诊断，经检查为尾椎受挫伤，导致下半身麻痹，需要长期治疗。

问题：对这起事故，谁应该担负责任？

【答案要点】

学生陈某负主要责任，由其监护人负责赔偿。

学校管理失职，负次要责任，应进行相应赔偿。

材料分析题 4

阅读下面材料，回答问题：

涛涛很淘气，经常在课堂上说话、做小动作，有时还不完成作业。一天，他又在课上说话、做鬼脸，被班主任老师发现了。老师非常生气，对涛涛说："你的课不要上了，回家把家长找来，什么时候你爸爸来了，你再来上课。"涛涛不敢回家，只好在教室外面站着。这时，正好校长路过，问清了原因后，把涛涛送回教室。事后，校长把涛涛的班主任老师找去，提出了批评。

问题：你认为校长批评得对吗？班主任和涛涛同学应该怎样做呢？

【答案要点】

校长批评得对。

学校是少年儿童受教育的地方，为了保护中小学生的受教育权利，法律还专门规定了在义务教育阶段学校不能随便开除学生。教育和帮助有缺点的学生是学校和老师的责任，学校、老师应当对学习有困难、品行有缺点的学生给予更多的关心和帮助，使他们改正错误、健康成长。这位班主任应当认识到自己的错误。经过教育，涛涛也应当认识到自己不仅违反了学校纪律，而且在课堂上随便说话，也影响了别的同学听讲，实际上侵犯了其他同学受教育的权利。

材料分析题 5

阅读下面材料，回答问题：

两名中学生星期天在居民区空地上踢足球，在争球时，不慎将球踢到邻居阳台上，不仅造成阳台玻璃破碎，而且使阳台上的一名儿童被玻璃划伤。

问题：邻居财产损失及人身被伤害的民事责任应由谁承担？

【答案要点】

由两名学生的家长（监护人）承担民事责任。

《民法通则》规定无民事行为能力人、限制民事行为能力人造成他人损害的，由监护人承担民事责任。

第二章

我国主要法律法规

一、单项选择题（每题只有一个正确答案，错选、多选或未选均无分）

1. 我国义务教育经费来源的主渠道是（　　）。
   A. 国家财政拨款　　　　　　　　B. 城乡教育费附加
   C. 社会集资拨款　　　　　　　　D. 教育专项资金

   【答案】　A

   【解析】　我国义务教育经费来源的主渠道是国家财政拨款。故选 A。

2. 《中华人民共和国未成年人保护法》于 2006 年 12 月 29 日第（　　）届全国人民代表大会常务委员会第二十五次会议修订。
   A. 八　　　　　　　　　　　　　B. 九
   C. 十　　　　　　　　　　　　　D. 十一

   【答案】　C

   【解析】　《中华人民共和国未成年人保护法》于 2006 年 12 月 29 日第十届全国人民代表大会常务委员会第二十五次会议修订。故选 C。

3. 据法律的规定，我国义务教育学校的内部管理体制为（　　）。
   A. 教师负责制　　　　　　　　　B. 校务委员会负责制
   C. 家长委员会负责制　　　　　　D. 校长负责制

   【答案】　D

   【解析】　校长负责处理学校的日常教学科研活动，完善学校的管理，校长全权代表学校并对学校各项工作拥有决策权、指挥权、人事权和财务权，同时健全学校领导机构中心机制。《义务教育法》规定学校实行校长负责制。故选 D。

4. 聘任或任命教师担任职务应当有一定的任期，每一任期一般为（　　）。
   A. 三年　　　　　　　　　　　　B. 三至五年
   C. 五年　　　　　　　　　　　　D. 十年

   【答案】　B

   【解析】　聘任教师担任职务的任期一般为三到五年。故选 B。

5. 为了保护未成年人的身心健康及其合法权益，促进未成年人健康成长，根据宪法，我国制定了《中华人民共和国未成年人保护法》，下列描述与该法规定不一致的是（　　）。

　　A. 保护未成年人，主要是学校老师和家长共同的责任

　　B. 教育与保护相结合是保护未成年人工作应遵循的基本原则

　　C. 学校应当尊重未成年学生受教育的权利，关心、爱护学生，对品行有缺点、学习有困难的学生，应当耐心教育、帮助，不得歧视，不得违反法律和国家规定开除未成年学生

　　D. 未成年人享有生存权、发展权、受保护权、参与权等权利，国家根据未成年人身心发展特点给予特殊、优先保护，保障未成年人的合法权益不受侵犯

【答案】　A

【解析】　根据《中华人民共和国未成年人保护法》第六条规定：保护未成年人，是国家机关、武装力量、政党、社会团体、企业事业组织、城乡基层群众性自治组织、未成年人的监护人和其他成年公民的共同责任。故 A 项表述不完整，其他三项表述均与《中华人民共和国未成年人保护法》规定一致。故选 A。

6. 根据《中华人民共和国未成年人保护法》规定，幼儿园应当做好保育、教育工作，促进幼儿在（　　）、品德等方面和谐发展。

　　A. 智力、纪律　　　　　　　　　　B. 体质、美育

　　C. 体质、智力　　　　　　　　　　D. 智力、美育

【答案】　C

【解析】　《中华人民共和国未成年人保护法》第二十六条规定，幼儿园应当做好保育、教育工作，促进幼儿在体质、智力、品德等方面和谐发展。所以本题的正确答案为 C。

7. 幼儿园应制定合理的幼儿一日生活作息制度，两餐间隔时间不得少于（　　）。

　　A. 3 小时　　　　　　　　　　　　B. 3.5 小时

　　C. 4 小时　　　　　　　　　　　　D. 4.5 小时

【答案】　B

【解析】　《幼儿园工作规程》第十三条规定，幼儿园应制定合理的幼儿一日生活作息制度，两餐间隔时间不得少于 3 小时半。故选 B。

8. 我国专门的幼儿教育行政法规是（　　）。

　　A.《未成年人保护法》　　　　　　B.《幼儿园管理条例》

　　C.《幼儿园工作规程》　　　　　　D.《儿童权利公约》

【答案】　B

【解析】　《幼儿园管理条例》是我国专门的幼儿教育行政法规。故选 B。

9.《教师法》规定幼儿园教师资格是由申请人户籍地或其任教学校所在的（　　）认定。

　　A. 省级教育行政部门　　　　　　　B. 省级人民政府

　　C. 县级教育行政部门　　　　　　　D. 县级人民政府

【答案】　C

【解析】　幼儿园、小学和初中教师资格由申请人户籍所在地或其任教所在地的县级人民政府教育行政部门认定。故选 C。

10. 为盲、聋、哑和弱智儿童、少年举办特殊教育学校（班）的部门是（　　）。

A. 党中央　　　　　　　　　　B. 地方各级人民政府
C. 国务院　　　　　　　　　　D. 国务院教育行政部门

【答案】　B

【解析】　《中华人民共和国义务教育法》第九条规定，地方各级人民政府为盲、聋、哑和弱智儿童、少年举办特殊教育学校（班）。故选B。

11. 某寄宿小学派车接送学生，途中有学生提出要上厕所，司机在路边停车5分钟，5分钟过后，司机没有清点人数就将车开走。小学生王某从厕所出来发现车已经开走，急忙追赶。在追赶过程中摔倒在地，将门牙跌落三颗。王某的伤害由（　　）承担责任。

A. 司机负责
B. 某寄宿学校负责
C. 司机和某寄宿学校共同负责
D. 司机和王某共同负责

【答案】　B

【解析】　王某的伤害责任应该由寄宿学校承担，司机虽然也有过错，然而，学校和司机签订合同后，司机履行的行为属于公职行为，学校应该承担责任。故选B。

12. 根据我国《幼儿园工作规程》，（　　）不属于幼儿教师的职责。

A. 学期（或学年）初做好本班收费工作
B. 观察分析记录幼儿发展情况
C. 与家长保持经常联系
D. 定期向园长汇报工作

【答案】　A

【解析】　学期（或学年）初做好本班收费工作，不属于幼儿教师的职责。故选A。

13. 1996年颁布的《幼儿园工作规程》中明确规定幼儿园教育要以（　　）为基本活动，寓教育于各项活动中。

A. 跳舞　　　　　　　　　　　B. 游戏
C. 唱歌　　　　　　　　　　　D. 识字

【答案】　B

【解析】　《幼儿园工作规程》中明确规定："幼儿园教育要以游戏为基本活动。"故选B。

14. 《中华人民共和国义务教育法》中指出，教育教学应当做到两个"全"，即（　　）。

A. 全面普及义务教育，全面扫除青壮年文盲
B. 全面进行教育改革，全面发展职业教育
C. 全面贯彻党的教育方针，全面提高教育质量
D. 全面发展，面向全体

【答案】　D

【解析】　《中华人民共和国义务教育法》第三十四条规定，教育教学工作应当符合教育规律和学生身心发展特点，面向全体学生，教书育人，将德育、智育、体育、美育等有机统一在教育教学活动中，注重培养学生独立思考能力、创新能力和实践能力，促进学生全面发

15. 按照《中华人民共和国教师法》的规定，对侮辱、殴打教师的，根据不同情节，不应该采取下列哪项措施？（ ）

A. 给予行政处分或者行政处罚

B. 造成损害的，责令赔偿损失

C. 情节严重，构成犯罪的，依法追究刑事责任

D. 说服教育

【答案】 D

【解析】 根据《中华人民共和国教师法》第三十五条规定，侮辱、殴打教师的，根据不同情况，分别给予行政处分或者行政处罚；造成损害的，责令赔偿损失；情节严重，构成犯罪的，依法追究刑事责任。

二、材料分析题

材料分析题 1

阅读下面材料，回答问题：

小芳的家住在农村，在村里的小学上五年级。一天，爸爸突然对她说："明天你不要去上学了，到小卖部给你妈帮忙吧，你妈一个人忙不过来。"小芳听了后，伤心地哭了。她想念书，她舍不得学校的老师和同学们。但是，她又不能不听爸爸的话，只好不去学校读书了。老师了解到小芳的情况后，找到了小芳的爸爸，劝他让小芳继续上学。小芳爸爸说："女孩子比不得男孩子，读书多了也没什么用，还不如让她在家里干点活呢。再说了小芳是我的女儿，让不让她上学得由我说了算。"

问题：小芳爸爸的说法对吗？小芳的爸爸都违反了哪些规定？

【答案要点】

小芳爸爸的说法不对。《中华人民共和国宪法》第四十六条规定：中华人民共和国公民有受教育的权利和义务。《中华人民共和国教育法》第九条规定：公民不分民族、种族、性别、职业、财产状况、宗教信仰等，依法享有平等的受教育机会。《中华人民共和国义务教育法》第五条规定：凡年满六周岁的儿童，不分性别、民族、种族，应当入学接受规定年限的义务教育。

让孩子上学接受教育是法律规定的父母必须履行的义务，而且法律规定，女孩和男孩享有平等的权利，不能歧视女孩。小芳的爸爸让小芳中途辍学的行为是违法的，听了老师的话应当让小芳赶快回到学校继续读书。如果不改正的话，当地政府应对他进行批评教育，并责令他送小芳返回学校上学。另外，为保护儿童受教育权利，国家还禁止工厂、商店、个体户等雇用不满16周岁的儿童。

材料分析题 2

阅读下面材料，回答问题：

强强是小学三年级的学生，因智力发育得较晚，尽管学习很努力，但成绩却总是很差。

一次考试,他又考了全班最后一名。班主任教师当着全班同学的面,对强强说:"你怎么那么笨,多简单的题呀还答不对,你是不是长了猪脑子啊!"同学们哄堂大笑。下课了,好几个同学围着强强叫"猪脑子"。强强羞愧极了,回家大哭了一场,说什么也不愿意再上学了。强强的父母问明原因,找到学校。校长在弄清楚情况后,严肃地批评了强强的班主任,要求他在班上给强强道歉,并教育全班同学要互相尊重,不能取笑强强。

问题:请谈谈你对这件事的看法?

【答案要点】

《中华人民共和国宪法》第三十八条规定:中华人民共和国公民的人格尊严不受侵犯。禁止用任何方法对公民进行侮辱、诽谤和诬告侵害。《中华人民共和国民法通则》第101条规定:公民、法人享有名誉权,公民的人格尊严受法律保护,禁止用侮辱、诽谤等方式损害公民、法人的荣誉。未成年人的心理发育还不健全,因此,要更加尊重他们的人格。《中华人民共和国未成年人保护法》中明确规定,学校、幼儿园的教职员工应当尊重未成年人的人格尊严。在这件事中,强强班主任的行为已经对强强的人格构成了侵害,是一种违法行为。因为情节比较轻微,可以用赔礼道歉的方式弥补。如果情节恶劣,严重侮辱强强人格,还要负刑事责任或者民事责任。

材料分析题 3

阅读下面材料,回答问题:

小学三年级有个小姑娘叫扬扬。两年前扬扬的爸爸妈妈离了婚,扬扬与妈妈生活在一起,两年来扬扬的爸爸从不来看望扬扬,也不给扬扬抚养费。前不久,扬扬的妈妈下岗了,一个月只有300元生活费,家里生活很困难,扬扬的妈妈想让扬扬辍学。

问题:你认为扬扬该怎么办呢?

【答案要点】

《中华人民共和国婚姻法》第三十六条规定:父母与子女间的关系,不因父母离婚而消除。离婚后,父母对子女仍有抚养和教育的权利和义务。《中华人民共和国义务教育法》第十一条规定:父母或者其他监护人必须使适龄的子女或者被监护人按时入学,接受规定年限的义务教育。按照这些法律规定,尽管扬扬的爸爸妈妈已经离婚了,但扬扬和她爸爸之间的父女关系是改变不了的,扬扬的爸爸仍然有抚养扬扬的义务,必须负担扬扬义务教育的费用,并把扬扬抚养成人。扬扬的爸爸如果不给抚养费,扬扬可以请妈妈代她去法院告爸爸,法律会帮助扬扬的。

材料分析题 4

阅读下面材料,回答问题:

幼儿园大班的黑板旁边贴着一张班规:值日卫生不整洁者,每人每次罚款1元;上课教师提问回答不出者,每人每次罚款2元;上课迟到者,每人每次罚款3元;上课不专心听讲或交头接耳者,每人每次罚款4元;老师布置的任务完不成者,每人每次罚款5元。罚款由老师统一收取、保管,奖励给表现好的小朋友。笑笑是该班的孩子,他上学迟到了,成了第一位受罚者。第二天,他以买笔为由,向母亲要了3元钱,"主动"交给了老师。这条班规制定实施仅1个月,就有13位孩子受罚。老师们则认为对违纪者实行经济制裁,会起到激励先进鞭策后进的作用。

问题：这样的班规合法吗？幼儿园是否有罚款权？

【答案要点】

这样的班规是违法的，幼儿园没有罚款权，班级罚款的危害有：①这种班规会破坏幼儿教师的形象，影响良好师幼关系的形成和发展；②这种班规侵犯了幼儿及监护人的财产权，容易激化师幼、教师和幼儿家长之间的矛盾；③幼儿园不具有罚款权，罚款是行政处罚，只有特定国家的行政机关才有行政处罚权，幼儿园不是行政机关，对幼儿予以罚款没有任何法律依据；④在班级中实施罚款制度，使学习成绩与金钱挂钩，有些幼儿为了交罚款对家长撒谎，这样会误导幼儿的思想，影响幼儿健康成长。

材料分析题 5

阅读下面材料，回答问题：

某幼儿园大班的两名幼儿课间休息时在操场上相互嬉闹，幼儿甲将幼儿乙推倒在地，致使乙的脊柱受伤，当时乙的下肢不能活动。其他幼儿将此事报告了伍老师，伍老师立即与乙的家长取得了联系，让其迅速到幼儿园来处理此事。家长来到后立即将乙送到医院治疗，乙住院治疗了26天，共花医疗费8 674元。出院后，乙的右腿仍行走不便。幼儿乙的父母以乙作为原告，将幼儿甲的父母、其所在幼儿园列为共同被告，向人民法院提起了民事赔偿诉讼。

问题：本材料中的幼儿园是否应该承担法律责任？

【答案要点】

本材料中的幼儿园不承担法律责任。《学生伤害事故处理办法》第九条明确规定了学校承担学生伤害事故责任的情形，对于不属于该条规定的情形，学校不承担责任。幼儿乙虽然是上学时间在幼儿园受到的伤害，但是伤害事故的发生原因在于甲、乙之间的嬉闹，并且伍老师在发现后立即通知了幼儿的家长，幼儿园没有过错，因此不承担法律责任。

第三章

教师的权利与义务

一、单项选择题（每题只有一个正确答案，错选、多选或未选均无分）

1. 教师履行教育教学职责必须具备的基本权利是（　　）。
   A. 科学研究权　　　　　　　　B. 教育教学权
   C. 管理学生权　　　　　　　　D. 进修培训权

【答案】　B

【解析】　《中华人民共和国教师法》第七条规定，教师享有进行教育教学活动的权利，这是教师职业的基本权利之一，也是教师教育教学职责必须具备的基本权利。具体而言，教师在教育教学工作中，可以根据教学计划、课程标准、学生的发展特点等要求，选择合适的教学方法，自主地组织课堂教学。故选B。

2. 下列不属于幼儿园教师职责的是（　　）。
   A. 妥善保管幼儿的衣物和本班的设备、用具
   B. 参加业务学习和幼儿教育研究活动
   C. 制订和执行教育工作计划，完成教育任务
   D. 与家长保持联系，共同配合完成教育任务

【答案】　A

【解析】　根据《幼儿园工作规程》第三十七条规定，幼儿园教师必须具有《教师资格条例》规定的幼儿园教师资格，并符合本规程第三十五条规定。幼儿园教师实行聘任制。幼儿园教师对本班工作全面负责，其主要职责如下：①观察了解幼儿，依据国家规定的幼儿园课程标准，结合本班幼儿的具体情况，制订和执行教育工作计划，完成教育任务；②严格执行幼儿园安全、卫生保健制度，指导并配合保育员管理本班幼儿生活和做好卫生保健工作；③与家长保持经常性联系，了解幼儿家庭的教育环境，商讨符合幼儿特点的教育措施，共同配合完成教育任务；④参加业务学习和幼儿教育研究活动；⑤定期向园长汇报，接受其检查和指导。而选项A属于本规程第三十八条规定的幼儿园保育员的职责。故选A。

3. 首次以官方文件形式对教师专业做出了明确说明的是（　　）。
   A. 1994年《中华人民共和国教师法》

B. 1986 年美国《卡内基报告》

C. 1966 年国际劳工组织和联合国教科文组织《关于教师地位的建议》

D. 1995 年我国国务院《教师资格条例》

【答案】 C

【解析】 1966 年，国际劳工组织和联合国教科文组织发布的《关于教师地位的建议》一文中指出："教书应被视为一种专门职业：它是一种公众服务的形态，它需要教师的专业知识以及特殊技能，这些都要经过持续的努力与研究，才能获得并维持。此外，它需要从事者对于学童的教育及其福祉，产生一种个人的以及团体的责任感。"这是第一次以官方文件形式对教师专业做出了明确说明。故选 C。

4. 对我国教师权利和义务做出明确、具体规定的是（　　）。

   A.《中华人民共和国教师法》

   B.《中华人民共和国义务教育法》

   C.《中华人民共和国教育法》

   D.《中共中央关于教育体制改革的决定》

【答案】 A

【解析】 对我国教师的权利和义务做出明确、具体规定的是《中华人民共和国教师法》。故选 A。

5. 《中华人民共和国教师法》规定，教师进行教育教学活动，开展教育教学改革实验，从事科学研究，是每个教师的（　　）。

   A. 权利   B. 义务

   C. 责任   D. 使命

【答案】 A

【解析】 根据《中华人民共和国教师法》第七条的规定，教师享有下列权利：①进行教育教学活动，开展教育教学改革和实验；②从事科学研究、学术交流，参加专业的学术团体，在学术活动中充分发表意见；③指导学生的学习和发展，评定学生的品行和学业成绩；④按时获取工资报酬，享受国家规定的福利待遇以及寒暑假期的带薪休假；⑤对学校教育教学、管理工作和教育行政部门的工作提出意见和建议，通过教职工代表大会或者其他形式，参与学校的民主管理；⑥参加进修或者其他方式的培训。故选 A。

6. 教师的任何教育行为都受到（　　）的制约。

   A. 教育部门   B. 教育环境

   C. 教育方法   D. 教育观念

【答案】 D

【解析】 教育观念是教师基于对儿童发展和教育的认识而形成的基本观点和看法，教育行为则是教师在实际教育中所表现的行为、教育方法、措施与手段的总和。作为一种认识和理念，教育观念是教师进行教育的内在依据和基础，教育行为是对教育观念的反映和应用，教育行为受教育观念的影响和支配，教师往往是根据其观念做出一定的判断和决策，并进而落实到行为上，通过行为来影响教育效果和儿童发展的。故选 D。

7. 下列选项中，哪一项不属于教师的公民权利？（　　）。

   A. 在各方面享有与同男子平等的权利

B. 进行教育教学活动的权利
C. 参加进修或者其他方式培训的权利
D. 在学术活动中充分发表意见的权利

【答案】 A

【解析】 《中华人民共和国教师法》第七条规定，教师享有下列权利：①进行教育教学活动，开展教育教学改革和实验；②从事科学研究、学术交流，参加专业的学术团体，在学术活动中充分发表意见；③指导学生的学习和发展，评定学生的品行和学业成绩；④按时获取工资报酬，享受国家规定的福利待遇以及寒暑假期的带薪休假；⑤对学校教育教学、管理工作和教育行政部门的工作提出意见和建议，通过教职工代表大会或者其他形式，参与学校的民主管理；⑥参加进修或者其他方式的培训。故选A。

8. 教师违法行为的主要法律责任不包括（　　）。
A. 行政责任　　　　　　　　B. 民事责任
C. 刑事责任　　　　　　　　D. 违宪责任

【答案】 D

【解析】 教师违法行为的主要法律责任包括行政、民事、刑事责任。故选D。

9. 某县要修水电站，县政府下发文件要求每个公职人员都要参加电站集资。某镇幼儿园领导按照文件要求，在领工资之前，从每位教职工的工资中分别扣除了文件规定上交的集资款。对此，下列说法错误的是（　　）。
A. 园长办事积极果断，工作能力强
B. 侵犯了教职工的获取劳动报酬权
C. 违反了国家要求的不得对学校和教师乱摊派的规定
D. 侵犯了教职工的个人财产自主权

【答案】 A

【解析】 是否参加集资是教师的个人行为，学校及相关行政部门不能强行要求、进行摊派，这侵犯了教师依法获取劳动报酬的权利以及其个人财产权，而且也违反国家对于禁止"乱摊派"的规定。选项B、C、D均正确，故选A。

10. 教师的医疗同当地国家公务员享受同等的待遇，（　　）对教师进行身体健康检查，并因地制宜安排教师进行休养。
A. 定期　　　　　　　　　　B. 不定期
C. 每两年　　　　　　　　　D. 每年

【答案】 A

【解析】 《中华人民共和国教师法》第二十九条规定，教师的医疗同当地国家公务员享受同等的待遇；定期对教师进行身体健康检查，并因地制宜安排教师进行休养。医疗机构应当对当地教师的医疗提供方便。故选A。

11. 中小学校（　　）聘用曾经因故意犯罪被依法剥夺政治权利的人担任工作人员。
A. 可以　　　　　　　　　　B. 不得
C. 特殊情况可以　　　　　　D. 经批准可以

【答案】 B

【解析】 《中华人民共和国义务教育法》第二十四条规定，学校不得聘用曾经因故意犯罪被依法剥夺政治权利或者其他不适合从事义务教育工作的人担任工作人员。故选 B。

12. 教师职业权利包括教育教学权、科学研究权、获取报酬权、管理学生权和（　　）等。

   A. 民主管理权　　　　　　　　　　B. 名誉权
   C. 人身权　　　　　　　　　　　　D. 生命健康权

   【答案】　A

   【解析】《中华人民共和国教师法》第七条规定，教师享有下列权利：（一）进行教育教学活动，开展教育教学改革和实验；（二）从事科学研究、学术交流，参加专业的学术团体，在学术活动中充分发表意见；（三）指导学生的学习和发展，评定学生的品行和学业成绩；（四）按时获取工资报酬，享受国家规定的福利待遇以及寒暑假期的带薪休假；（五）对学校教育教学、管理工作和教育行政部门的工作提出意见和建议，通过教职工代表大会或者其他形式，参与学校的民主管理；（六）参加进修或者其他方式的培训。简而言之，教师的权利主要是：教育教学权、科学研究权、管理学生权、获取报酬待遇权、民主管理权、进修培训权。故选 A。

13. 学校对故意不完成教育教学任务给教育教学工作造成损失的教师，可以给予（　　）。

   A. 行政处罚　　　　　　　　　　　B. 行政处分或解聘职务
   C. 撤销教师资格　　　　　　　　　D. 追究民事法律责任

   【答案】　B

   【解析】《中华人民共和国教师法》第三十七条规定，教师有下列情形之一的，由所在学校、其他教育机构或者教育行政部门给予行政处分或者解聘。（一）故意不完成教育教学任务给教育教学工作造成损失的；（二）体罚学生，经教育不改的；（三）品行不良、侮辱学生，影响恶劣的。教师有前款第（二）项、第（三）项所列情形之一，情节严重，构成犯罪的，依法追究刑事责任。故选 B。

14. 《中华人民共和国教师法》规定，教师是履行教育教学职责的专业人员，承担（　　）、培养社会主义事业建设者和接班人、提高民族素质的使命。

   A. 传授专业知识　　　　　　　　　B. 传授实验技能
   C. 教书育人　　　　　　　　　　　D. 为人师表

   【答案】　C

   【解析】《中华人民共和国教师法》第三条规定，教师是履行教育教学职责的专业人员，承担教书育人、培养社会主义事业建设者和接班人、提高民族素质的使命。教师应当忠诚于人民的教育事业。故选 C。

15. 下列选项中不属于教师享有的权利的是（　　）。

   A. 参加进修或者其他方式的培训
   B. 批评和抵制有害于学生健康成长的现象
   C. 进行教育教学活动，开展教育教学改革和实验
   D. 从事科学研究、学术交流，参加专业的学术团体，在学术团体中充分发表意见

   【答案】　B

   【解析】《中华人民共和国教师法》第七条规定，教师享有下列权利：（一）进行教育

教学活动，开展教育教学改革和实验；（二）从事科学研究、学术交流，参加专业的学术团体，在学术活动中充分发表意见；（三）指导学生的学习和发展，评定学生的品行和学业成绩；（四）按时获取工资报酬，享受国家规定的福利待遇以及寒暑假期的带薪休假；（五）对学校教育教学、管理工作和教育行政部门的工作提出意见和建议，通过教职工代表大会或者其他形式，参与学校的民主管理；（六）参加进修或者其他方式的培训。故选B。

二、材料分析题

材料分析题1

阅读下面材料，回答问题：

吃过午饭，班里的几位男生在宿舍闹着玩，把盛满水的塑料袋放在门顶上，等着一位同学进门。就在这时聂老师去宿舍，看门虚掩着就随手推门而进，"哗"的一声，一袋水翻洒下来，聂老师早上换的衣服全被打湿了。房间里的学生都吓得目瞪口呆，静等老师的训斥。谁知道聂老师却笑着说："今天是泼水节吗？我怎么不知道啊！再说我们这里是不过这个节的。"大家都笑了，那位在门上放水的同学不好意思地低下了头。老师抚摸着他的头说："同学之间开个玩笑是可以的，但最好不要这样做。"

问题：运用相关知识评析这位老师的做法。

【答案要点】 教师具有进行教育教学活动、指导学生的学习和发展的权利，但是在具体的教育教学或者其他课外活动中，要注意方式方法，尤其是对于一些突发意外事件，教师要巧妙运用教育机智，灵活处理与学生的突发事件。教育机智是教师对学生活动的敏感性，能根据学生新的特别是意外的情况，迅速而正确地做出判断，随机应变地及时采取恰当而有效的教育措施解决问题的能力，是教师良好的综合素质和修养的外在表现。材料中的聂老师在处理突发事件时，就很好地运用了教育机智，用大度和幽默轻易化解了学生内心的紧张和尴尬，一下子拉近了师生之间的距离。在教学工作中，教师应当学会采用巧妙灵活的方法化解师生之间的矛盾和尴尬，委婉地教育学生正确的行事方法，纠正学生的不当行为。

材料分析题2

阅读下面材料，回答问题：

一节公开课上，任课教师用双面胶将一个木制的教具贴在黑板上。当学生演示的时候，斜上方的教具擦着孩子的肩掉了下来，孩子吓了一跳，老师也有点慌乱。这时，教室里出奇的静。老师很快镇定下来，她将教具从地上捡起，然后使劲地往黑板上按。那教具被牢牢地粘住了，老师像什么事都没有发生一样继续上着她的课，对刚才那个演示的学生没有过问。这节课也相当精彩地完成了。

问题：这位教师对课堂意外情况的处理得当吗？试分析并说明理由。

【答案要点】 这位教师的处理不得当。在实际的教学过程中，尽管在教学之初教师就制订了详细的教学计划，但是教学过程中由于个别原因，还是会出现意外情况。这时，如何处理这些课堂意外情况，使教学从"意外"中步入正轨，是一个教师教学水平高低的体现。面对课堂意外情况，教师要巧妙运用教育机智，灵活处理突发事件，材料中的教师面对突发情况能够快速恢复冷静，精彩地完成教学任务，这是值得肯定和表扬的。但是教师要关爱学生，要保护学生安全，关心学生健康，材料中的教师对被教具碰到的学生不闻不问，仅仅是淡定地完成了教学任务，这样的处理是不恰当的。没有兼顾学生安全，教师应该趁机发挥教育机智，利用课堂上的意外情况，将幼儿的安全教育有机地引入教学中来，丰富课堂教学，提高教学效果。

材料分析题 3

阅读下面材料，回答问题：

某日，某小学三年级学生在学校的音乐教室里上音乐课，音乐老师丁某弹钢琴时，坐在下面的王同学一直在说话。丁老师开始"警告"王同学："在课堂上不要讲话了，如果再讲话，就用胶带纸把嘴巴封起来。"但王同学没有听老师的话，又开始自言自语。这回，丁老师火了，立刻站起来，走到王同学跟前，掏出一段封箱胶带纸贴在了他的嘴上。在场所有的学生一下子哄堂大笑，而此刻的王同学却泪流满面，痛哭不已。丁老师没有理会，继续上课。就这样，王同学被封住嘴巴上完了音乐课，在同学们的笑声中哭到了下课。

问题：运用相关知识评析这位老师的做法，请谈谈给你带来的启示。

【答案要点】

（1）丁老师将学生嘴巴封住，其行为是体罚学生、侮辱学生人格、侵犯学生人身权的行为，同时，也限制了学生上音乐课的自由，使学生无法参加正常的教育教学活动，是侵犯学生受教育权的行为。丁老师的行为违反了《教育法》《义务教育法》《教师法》《未成年人保护法》的有关规定。丁老师应承担相应的行政责任。

（2）启示：学校应加强对教师的法制教育，教师应认真履行教师的义务，依法采取积极的教育措施，不得滥用教育权侵犯学生的权益。

材料分析题 4

阅读下面材料，回答问题：

段老师是某幼儿园大班班主任。2011年10月的一天，段老师班上的孩子晓光在园里和其他同学一起玩耍打闹，结果，晓光扔石子不小心打坏了学校大礼堂的一块玻璃。段老师批评了晓光，让他在全班同学面前作了检查，并决定按照学校有关规定由晓光的家长赔偿被打坏的玻璃。当天下午，晓光的父亲就冲入教室，不问青红皂白，对段老师挥拳便打。由于毫无防备，段老师被打倒在地上，鼻子、嘴角鲜血直流。晓光的父亲还扬言，如再"欺负"他儿子，还要"教训"老师。等其他老师闻讯赶来，晓光的父亲已扬长而去。大家急忙将段老师送往附近医院，经诊断，段老师眼底出血，鼻骨骨折，身上多处软组织受损，经鉴定为轻伤。

问题：段老师受到侮辱、殴打怎么办？请谈谈你的看法。

【答案要点】

（1）段老师应当向当地公安机关报案，或直接向当地人民法院提起刑事附带民事诉讼。段老师无辜受到侮辱、殴打，应当及时向当地公安机关报案，由公安机关对晓光的父亲给予行政处罚，并由其赔偿段老师的损失。如果公安机关认为其情节严重，已构成犯罪，依法追究其刑事责任；段老师也可依据《中华人民共和国刑事诉讼法》有关诉讼案件的规定，直接向当地人民法院提起刑事附带民事诉讼，要求追究晓光父亲的刑事责任并赔偿自己的损失。

（2）教师的职业特点决定其要与社会上各种各样的人打交道，有时不可避免地要与一些不良现象发生正面冲突，而且有可能受到人身权利的损害。我国《教师法》第三十五条规定，侮辱、殴打教师的，根据不同情况，分别给予行政处分或行政处罚；造成损害的，责令赔偿损失；情节严重，构成犯罪的，依法追究刑事责任。通过法律手段来确保教师的人身权利。

材料分析题 5

阅读下面材料，回答问题：

一天中午，某幼儿园中班的大部分幼儿都睡着了，还有个别幼儿没睡，这时，值班教师李老师到别的班去倒开水，并聊了一会儿。待她回班后，发现一名幼儿头部红肿，问其原因是刚才李老师外出后，他在床上玩耍，不小心摔伤的。李老师赶忙帮幼儿揉了揉，便安慰他睡了觉。下午当家长接孩子时看到幼儿伤情，立即送往医院检查，发现出现脑内血肿，必须立即住院治疗。

问题：请问在该事件中李老师和幼儿园存在的问题，并进行简要分析。

【答案要点】 李老师方面：首先，李老师擅离岗位，玩忽职守，没有尽到作为一个幼儿园教师应该有的责任；其次，在伤害发生后，李老师对幼儿的伤后处理方式太随意，不具备基本的保育、保健知识。幼儿园方面：其本身的规章制度没有很好地约束教师的行为，有管理不当的责任。这样的事件无论是对于幼儿来说还是对于教师来说都是意外，但是教师应该具备处理意外的能力，在幼儿午睡的时候，并不是所有幼儿都可以熟睡，有一部分幼儿只是闭上眼睛休息，只要有一点异动，就会激起他们的兴奋。所以在幼儿午睡的时间，教师是不可以掉以轻心的，教室内至少应该留有一个教师照看。在意外发生以后，教师对幼儿受伤这件事情不够重视，处理得太过随意，这是大部分教师的弊病，觉得只是撞了一下，揉一揉就没事了，虽然大部分幼儿受伤后确实只是皮外伤，但是也有个别幼儿会伤及内部，这是教师应该重视的。当然，幼儿受伤其实是在所难免的，这一点大部分家长都可以理解，但是如果由于教师的疏忽而导致自己的孩子没有得到及时的治疗，家长是会很严肃地对待的。所以，对于每一个受伤的幼儿都应该提起足够的重视，仔细地检查。幼儿园的规章制度并不是要惩罚或者奖励教师，而是应该让每一位教师都树立在幼儿园以幼儿为中心的思想。树立良好的规章制度，一方面可以使幼儿得到保障，另一方面也是让幼儿园得到保障。

第四章

幼儿保护

一、单项选择题（每题只有一个正确答案，错选、多选或未选均无分）

1. 我们应当在儿童能力允许的范围内，在所有影响儿童权利的事项上，都应当倾听和尊重儿童的意见，这体现了儿童权利保护的（　　）原则。
   A. 无歧视　　　　　　　　　　　B. 儿童利益最大化
   C. 尊重儿童权利与尊严　　　　　D. 尊重儿童观点

   【答案】 D

   【解析】《儿童权利公约》提出了四项倡导性的儿童权利保护基本原则，即无歧视原则、儿童最大利益原则、尊重儿童基本权利原则和尊重儿童观点原则。《儿童权利公约》第十二条规定，缔约国应确保有主见能力的儿童有权对影响到其本人的一切事项自由发表自己的意见，对儿童的意见应按照其年龄和成熟程度予以适当地看待。即在进行影响儿童利益的行为时，应当征求有自己理解能力的儿童的意见，并充分尊重其按照自己意见做出的选择。在儿童能力允许的范围内，在所有影响儿童权利的事项上，都应当倾听和尊重儿童的意见。这体现了尊重儿童观点的原则。故选D。

2. 关于儿童的一切行为，不论是由公私社会福利机构、法院、行政当局或立法机构执行，均应以儿童的（　　）为一种首要考虑因素。
   A. 安全　　　　　　　　　　　　B. 最快发展
   C. 最大利益　　　　　　　　　　D. 全面发展

   【答案】 C

   【解析】《儿童权利公约》第三条规定，关于儿童的一切行为，不论是由公私社会福利机构、法院、行政当局或立法机构执行，均应以儿童的最大利益为一种首要考虑因素。故选C。

3. 保护未成年人的工作应遵循的原则不包括（　　）。
   A. 尊重未成年人的人格尊严
   B. 注重言传身教
   C. 适应未成年人身心发展的规律和特点

D. 教育与保护相结合

【答案】 B

【解析】 《中华人民共和国未成年人保护法》第五条规定，保护未成年人的工作，应当遵循下列原则：①尊重未成年人的人格尊严；②适应未成年人身心发展的规律和特点；③教育与保护相结合。故选B。

4. 小明的爸爸没有征求小明的意见，在暑假，为小明安排了钢琴、围棋、书法等培训课。小明爸爸没有尊重小明的哪项权利？（　　）。

A. 生存权　　　　　　　　　　　B. 受保护权
C. 发展权　　　　　　　　　　　D. 参与权

【答案】 D

【解析】 儿童的参与权是指儿童有参与家庭、文化和社会生活的权利。儿童有参与社会生活的权利，有权对影响他们的一切事项发表自己的意见。小明父亲的做法没有尊重小明的参与权。故选D。

5. 儿童有自由发表言论的权利，但其权利的行使可受某些限制约束，这些限制不包括（　　）。

A. 尊重他人的权利和名誉　　　　B. 国界
C. 保护国家安全或公共秩序　　　D. 保护公共卫生或道德

【答案】 B

【解析】 《儿童权利公约》第十三条规定，儿童应有自由发表言论的权利；此项权利应包括通过口头、书面或印刷、艺术形式或儿童所选择的任何其他媒介，寻求、接受和传递各种信心和思想的自由，而不论国界。此项权利的行使可受某些限制约束，但这些限制仅限于法律所规定并为以下目的所必需：尊重他人的权利和名誉；保护国家安全或公共秩序、公共卫生或道德。故选B。

6. 学校应当尊重未成年学生（　　）的权利，关心、爱护学生，对品行有缺点、学习有困难的学生，应当耐心教育、帮助，不得歧视，不得违反法律和国家规定开除未成年学生。

A. 受教育　　　　　　　　　　　B. 人格尊严
C. 人身安全　　　　　　　　　　D. 平等接受教育

【答案】 A

【解析】 《中华人民共和国未成年人保护法》第十八条规定，学校应当尊重未成年学生受教育的权利，关心、爱护学生，对品行有缺点、学习有困难的学生，应当耐心教育、帮助，不得歧视，不得违反法律和国家规定开除未成年学生。故选A。

7. 下列不是我国宪法与法律规定的少年儿童享有的权利是（　　）。

A. 生存权　　　　　　　　　　　B. 完全的政治权利
C. 受教育权　　　　　　　　　　D. 受尊重权

【答案】 B

【解析】 我国宪法第三十四条规定，中华人民共和国年满十八周岁的公民，不分民族、种族、性别、职业、家庭出身、宗教信仰、教育程度、财产状况、居住期限，都有选举权和被选举权；但是依照法律被剥夺政治权利的人除外。由此可知，未成年人不具有选举权和被选举权,即不具有完全的政治权利。故选 B。

8. 下列不是我国保证儿童受教育权利的法律是（　　）。

A.《中华人民共和国宪法》　　　　　B.《中华人民共和国教师法》

C.《中华人民共和国教育法》　　　　D.《中华人民共和国义务教育法》

【答案】　B

【解析】　我国宪法第四十六条规定,中华人民共和国公民有受教育的权利和义务。国家培养青年、少年、儿童在品德、智力、体质等方面全面发展。《中华人民共和国教育法》第九条规定,中华人民共和国公民有受教育的权利和义务。公民不分民族、种族、性别、职业、财产状况、宗教信仰等,依法享有平等的受教育机会。《中华人民共和国义务教育法》第四条规定,凡具有中华人民共和国国籍的适龄儿童、少年,不分性别、民族、种族、家庭财产状况、宗教信仰等,依法享有平等接受义务教育的权利,并履行接受义务教育的义务。故选 B。

9. 下列关于幼儿教师对幼儿的态度与行为的说法,错误的是（　　）。

A. 关爱幼儿,重视幼儿身心健康,将幼儿学习放在首位

B. 信任幼儿,尊重个体差异,主动了解和满足有益于幼儿身心发展的不同需求

C. 不讽刺、挖苦、歧视幼儿,不体罚或变相体罚幼儿

D. 重视生活对幼儿健康成长的重要价值,积极创造条件,让幼儿拥有快乐的幼儿园生活

【答案】　A

【解析】　根据《幼儿园教师专业标准（试行）》的内容,幼儿教师对幼儿的态度与行为包括：①关爱幼儿,重视幼儿身心健康,将保护幼儿生命安全放在首位。②尊重幼儿人格,维护幼儿合法权益,平等对待每一个幼儿。不讽刺、挖苦、歧视幼儿,不体罚或变相体罚幼儿。③信任幼儿,尊重个体差异,主动了解和满足有益于幼儿身心发展的不同需求。④重视生活对幼儿健康成长的重要价值,积极创造条件,让幼儿拥有快乐的幼儿园生活。故选 A。

10. 从伦理学的角度看,幼儿教师要公正地对待幼儿,首先是要真正（　　）。

A. 给幼儿权利　　　　　　　　　　　B. 教给幼儿知识

C. 尊重和信赖幼儿　　　　　　　　　D. 尊重幼儿家长

【答案】　C

【解析】　幼儿教师平等地对待幼儿实际上也就是教育学中常说的要树立正确的师生观的问题。从伦理学的角度看,教师要公正地对待幼儿,首先是要真正尊重和信赖幼儿。故选 C。

11. 为保护少年儿童的社会权利,1989 年联合国大会通过了（　　）。

A.《联合国宪章》　　　　　　　　　B.《儿童权利宣言》

C.《儿童权利公约》　　　　　　　　D.《未成年人保护法》

【答案】　C

【解析】　《儿童权利公约》由 1989 年 11 月 20 日第 44 届联合国大会第 25 号决议通过,1990 年 9 月 2 日正式生效。该公约旨在保护儿童权益,为世界各国儿童创建良好的成长环境。故选 C。

12. 我国保护少年儿童权益的专项法律是（　　）。
　　A.《中华人民共和国宪法》
　　B.《中华人民共和国义务教育法》
　　C.《中华人民共和国刑法》
　　D.《中华人民共和国未成年人保护法》
【答案】　D
【解析】　由《中华人民共和国未成年人保护法》第一条："为了保护未成年人的身心健康，保障未成年人的合法权益，促进未成年人在品德、智力、体质等方面全面发展，培养有理想、有道德、有文化、有纪律的社会主义建设者和接班人，根据宪法，制定本法。"可知，它是我国保护少年儿童权益的专项法律。故选 D。

13. 刘迪，6 岁，在北京某幼儿园学习绘画数年。某年夏天，某机构组织儿童绘画展，刘迪的画被选中参展并获得一等奖，得奖金 5 000 元。此时刘迪父母已离异，其母张某为刘迪的监护人，刘迪之父每月给刘迪 1 000 元抚养费。奖金应归谁所有？（　　）
　　A. 刘母　　　　　　　　　　　B. 刘父
　　C. 幼儿园　　　　　　　　　　D. 刘迪
【答案】　D
【解析】　得奖是纯获利的行为，无论刘迪是否成年，有没有民事行为能力，都有权获得发给其的奖金。其母作为监护人，对其财产只有保管权，其不得动用其财产；其财产权更不会因为其父母已离异而发生变化。故选 D。

14. 某幼儿园一群幼儿围着火炉烤火，教师张某离开教室取东西。幼儿甲玩火点燃了幼儿乙的衣服，乙带火跑出教室，被人发现将火扑灭。经检查乙烧伤面积达 35%，住院治疗造成经济损失 30 000 余元。这一损失应由（　　）。
　　A. 幼儿园承担，幼儿甲的监护人适当赔偿
　　B. 幼儿甲的监护人承担，同时责令张某适当赔偿
　　C. 幼儿甲的监护人承担，同时责令幼儿园适当赔偿
　　D. 张某和幼儿园共同承担
【答案】　C
【解析】　我国《民法通则》第一百三十三条规定："无民事行为能力人、限制民事行为能力人造成他人损害的，由监护人承担民事责任。监护人尽了监护责任的，可以适当减轻他的民事责任。有财产的无民事行为能力人、限制民事行为能力造成他人损害的，从本人财产中支付赔偿费用。不足部分，由监护人适当赔偿，但单位担任监护人的除外。"《侵权责任法》第四十条规定："无民事行为能力人或者限制民事行为能力人在幼儿园、学校或者其他教育机构学习、生活期间，受到幼儿园、学校或者其他教育机构以外的人员人身损害的，由侵权人承担侵权责任；幼儿园、学校或者其他教育机构未尽到管理职责的，承担相应的补充责任。"在本案中，教师张某擅自离开教室，未尽到保护义务，具有过错。故选 C。

15. 某幼儿园在为中班幼儿过集体生日时，拍了一组照片，效果相当好。一家蛋糕店老板恰好看到了这些照片，选了两张准备做宣传广告用。对此，下列说法正确的是（　　）。
　　A. 这样的宣传有益无害，因此不必征得任何人的同意
　　B. 只要幼儿园同意使用这些照片，就不存在侵权之嫌

C. 使用幼儿照片须征得幼儿家长的同意
D. 使用幼儿照片须征得幼儿本人的同意

【答案】 C

【解析】 肖像权，是指自然人对自己的肖像享有再现、使用并排斥他人侵害的权利，就是自然人所享有的对自己的肖像上所体现的人格利益为内容的一种人格权。未成年人的肖像权也应该受到保护。我国《民法通则》第一百条规定："公民享有肖像权，未经本人同意，不得以营利为目的使用公民的肖像。"该法第十二条规定："十周岁以上的未成年人是限制民事行为能力人，可以进行与他的年龄、智力相适应的民事活动；其他民事活动由他的法定代理人代理，或者征得他的法定代理人的同意。不满十周岁的未成年人是无民事行为能力人，由他的法定代理人代理民事活动。"幼儿园的幼儿属于不满十周岁的未成年人，即无民事行为能力人，其法定权利应由法定代理人代理，一般为法定监护人，即父母。在本事件中，使用幼儿照片须征得幼儿家长的同意。故选C。

二、材料分析题

材料分析题1

阅读下面材料，回答问题：

某报报道：湖南省湘潭市一位幼儿家长李先生写信说，他的孩子在幼儿园被保育员体罚，脸上和身上都有明显伤痕，而且被弄得大小便失禁。他向幼儿园投诉，对方虽然道了歉，但态度很不诚恳。李先生的孩子今年3岁，名叫小浩（化名），3月4日进入湘潭某幼儿园，这是当地一家十分有名的民办幼儿园，收费比一般幼儿园高，被人们称为"贵族幼儿园"。李先生在信中写道："小浩入园的头两周，虽有些不适应，但未感觉有太大变化。第三周起，我们逐渐发现孩子回家后时而埋头不语、时而大喊大叫，一提幼儿园就恐惧万分，对任何人都不理不睬，并且大小便失禁。4月9日，我们去幼儿园看孩子，发现孩子两边脸颊各紫了一大块。4月12日，我们到幼儿园接孩子，小浩脸上伤痕依旧。恰此时孩子要小便，我帮他脱下裤子，竟发现大腿两边各有几块青紫，更令人触目惊心的是，其中有一处很深的、特别显眼的指甲印……"

问题：请谈谈如何看待教师的体罚行为。

【答案要点】 体罚是指教师的行为造成幼儿人体损害的一种行为。广义的体罚还包括变相体罚，如罚蹲下起立、罚站、罚跪等。教师体罚幼儿园幼儿，无论从良心、道德还是法律上来讲，都是不允许的。

教师因故意行为造成幼儿伤害的，法律也有相应的责任规定。《中华人民共和国未成年人保护法》第二十一条规定，学校、幼儿园、托儿所的教职员工应当尊重未成年人的人格尊严，不得对未成年人实施体罚、变相体罚或者其他侮辱人格尊严的行为。第六十三条规定，学校、幼儿园、托儿所的教职员工对未成年幼儿和儿童实施体罚或者变相体罚，情节较重的，由其所在单位或者上级机关责令改正；情节严重的，依法给予处分。惩罚事件不仅对幼儿的身体有伤害，同时也伤害了他们的心理，幼儿的家长有权利通过法律讨回公道。

材料分析题 2

阅读下面材料，回答问题：

张某带着才出生 100 天的儿子到某摄影社拍摄百天照片。为了保证效果，摄影师为其拍摄了两张照片。当张某去取照片时，该摄影社只交给张某其中一张底片和照片，告诉他另一张由于底片不好，所以没有冲洗。但是3个月后，当张某路过该摄影社时，却发现其橱窗里挂着儿子的照片。

张某立即找到摄影社，认为在未经其同意的情况下擅自将儿子照片挂出，侵犯了儿子的肖像权，要求摄影社取下照片并归还底片。但摄影社却说，照片是我们拍摄的，是我们的作品，我们有权展示。同年11月，张某在某摄影作品展览上又看到了儿子的照片。于是，张某再次找到该摄影社，问其是不是他们向展会提供的，摄影社承认是他们提供的，但认为自己并未侵犯张某及其儿子的权利。双方争持不下，张某向法院提起诉讼。

问题：请结合相关的法律对上述事件进行分析。

【参考答案】 肖像权是公民自己使用和同意或禁止他人使用自己肖像的权利。肖像权作为一种人身权包括本人对肖像的拥有权、制作权和使用权。肖像是公民个人的真实形象，可以是一般的照片、画像，也可以是其他艺术形式的再现物。肖像权是人身权的一种，体现和维护了人格尊严方面的利益；肖像权又是一种专有权，是公民所特有的民事权利，除法律另有规定外，不经本人许可，任何人不得使用他人肖像。《中华人民共和国民法通则》第一百条规定，公民享有肖像权，未经本人同意，不得以营利为目的使用公民的肖像。第十二条则规定，十周岁以上的未成年人是限制民事行为能力人，可以进行与他的年龄、智力相适应的民事活动；其他民事活动由他的法定代理人代理，或者征得他的法定代理人的同意。不满十周岁的未成年人是无民事行为能力人，由他的法定代理人代理民事活动。因此，在使用特定未成年人照片时，对于不满10周岁的无民事行为能力人必须征得其监护人的同意。

在该事件中，当事人之间的纠纷，就属于肖像使用权上的纠纷。首先，该摄影社未经婴儿的法定监护人张某的同意，在其橱窗内展示婴儿的照片以及向展览会提供带有婴儿照片的展览作品，这些行为都违背了使用公民的肖像应经公民本人同意，而对于未成年人应征得监护人同意的法律规定。其次，摄影社的行为具有明显的营利性质，是典型的侵犯公民肖像权的行为。摄影社先是在其橱窗内展示张某儿子的照片，这一行为具有为其摄影社做广告的性质，实际上是一种广告行为。根据《中华人民共和国广告法》第二十五条规定，广告经营者在广告中使用无民事行为能力人或限制民事行为能力人的名义、形象的，应当事先取得其监护人的书面同意，否则就构成一种侵权行为。而后，摄影社又有偿向展览会提供展览作品，其营利目的显而易见，其行为直接违背了未经本人同意，不得以营利为目的使用公民的肖像这一法律规定，构成了侵权行为。最后，该摄影社认为其拥有为顾客所拍照片的著作权，这一认识是完全错误的。张某儿子的照片是摄影社的作品，但它是为顾客服务并由顾客支付报酬而取得的，这种服务的性质，顾客不但有权取得照片，还有权取得底片，同时只有顾客才有权利决定是否冲洗、扩印或是销毁等。照片虽为摄影作品，具有著作权的性质，但因照片是公民肖像权再现的载体，因此，著作权与肖像权是不可分割的，且肖像权应优先考虑。所以，该摄影社没有维护顾客的肖像权，构成了侵权。

材料分析题 3

阅读下面材料，回答问题：

有一次，小刚违反了学校规定，晚上外出与社会上结交的朋友喝酒，夜不归宿。该中学学校宿管人员发现后，上报学校领导，校方对小刚进行了批评教育。小刚对批评教育不以为然，又多次在晚上偷偷跑出去喝酒。鉴于小刚屡教不改，校方决定开除小刚。

问题：结合相关法律知识，分析小刚就读学校的做法。

【答案要点】 《义务教育法》第二十七条规定，对违反学校管理制度的学生，学校应当予以教育批评，不得开除。这是由义务教育的性质决定的。目的是保障学生接受义务教育的权利。义务教育是强制性教育，是所有适龄儿童、少年必须接受的教育。学校不能因为学生违反学校管理制度就剥夺学生受教育的权利。在这一点上，义务教育又同非义务教育有所不同，非义务教育的学生如果严重违反学校管理制度，学校可给予其开除学籍的处分。

材料分析题 4

阅读下面材料，回答问题：

某中学初三学生李某参与两起拦路抢劫学生钱财的活动，涉嫌犯罪被公安机关刑事拘留，后被法院以抢劫罪判处有期徒刑两年。学校为了教育本校学生，贴出公告称："我校初三（6）班学生李某因拦路抢劫，现被人民法院判处有期徒刑两年。望我校同学引以为戒，认真遵守法律，努力学习。"

问题：结合相关法律法规，分析该学校的做法。

【答案要点】 该学校公告李某被判刑的做法违反了教育法律的相关规定。我国《未成年人保护法》第五十八条规定，对未成年人犯罪案件，新闻报道、影视节目、公开出版物、网络等不得披露该未成年人的姓名、住所、照片、图像以及可能判断出该未成年人的资料。

《未成年人保护法》第五十八条如此规定，目的在于保护未成年人的人格尊严，保护他们的名誉权和隐私权。学校虽然没有把李某的具体姓名公布出来，但同学们可以从学校公告的内容推断出是哪个学生。全校范围内公告属于公开的报道，侵犯了未成年人的合法权益。该案例提示我们，学校对学生的报道也必须符合法律规定。

材料分析题 5

阅读下面材料，回答问题：

为加强班级管理，班主任王老师经常查阅学生日记，学生明明觉得很不舒服，却又不敢表达不满。

问题：结合相关的法律法规，分析该班主任老师的做法。

【答案要点】 《未成年人保护法》第三十九条规定，除因追查犯罪的需要，由公安机关或者人民检察院进行检查，或者对无行为能力的未成年人的信件、日记、电子邮件由其父母或者其他监护人代为开拆、查阅外，任何组织或者个人不能开拆、查阅。王老师的行为侵犯了学生的隐私权。

模块三 教师职业道德规范

第一章

幼儿教师职业道德概述

一、单项选择题（每题只有一个正确答案，错选、多选或未选均无分）

1. 教师职业道德是指教师在其职业生活中，调节和处理与他人、与社会、与集体、与职业工作关系所应遵守的基本（   ）和行为准则，以及在这基础上所表现出来的观念意识和行为品质。
   A. 行为规范　　　　　　　　B. 道德规范
   C. 行为准则　　　　　　　　D. 法律规范
   【答案】　A
   【解析】　教师职业道德从道义上规定了教师在教育劳动过程中以什么样的思想、感情、态度和作风去待人接物，处理问题，做好工作，为社会尽职尽责。故选A。

2. 教师职业道德规范为教师的职业行为和师德修养指明了行动的方向，这体现了教师职业道德具有（   ）功能。
   A. 教育功能　　　　　　　　B. 调节功能
   C. 动力功能　　　　　　　　D. 引导功能
   【答案】　D
   【解析】　教师职业道德对教师自身修养来说正是起着指明方向、矫正行为、保证修养目标实现的作用。故选D。

3. "师者，人之楷模也"，这句话说明教师的劳动具有（   ）。
   A. 复杂性　　　　　　　　　B. 长期性
   C. 示范性　　　　　　　　　D. 合作性
   【答案】　C
   【解析】　教师劳动的示范性是指教师的学识、思想、情感、性格、意志、言行等，都对学生产生影响并受到学生严格监督的特性。教师的一言一行都会对学生产生潜移默化的影响，因此，教师要充分重视示范性的价值，严于律己，以身作则。故选C。

4. 有人曾说，"教师不是传声筒，也不是照相机，而是艺术家、创造者"，这句话说明教师职业劳动过程具有（   ）。

A. 复杂性 B. 创造性
C. 示范性 D. 合作性

【答案】 B

【解析】 教育是一种培养人的活动，它需要按照一定社会的要求有目的、有计划地进行，但它绝不能单纯模仿或机械重复，教师要根据自己对教育方针、培养目标以及教材的理解，针对教育对象的不同特点和普遍规律，选择最能奏效的方法与途径来实现教育目的。故选B。

5. 教育是培养人的活动。教育活动的这一本质特点，决定了教师的劳动必然带有强烈的（ ）。

A. 复杂性 B. 创造性
C. 示范性 D. 合作性

【答案】 C

【解析】 教师劳动与其他劳动的一个最大的不同点，就在于教师主要是用自己的思想、学识和言行，通过示范的方式去直接影响劳动对象。故选C。

6. "十年树木，百年树人"这句话说明教师的劳动具有（ ）。

A. 复杂性 B. 长期性
C. 示范性 D. 合作性

【答案】 B

【解析】 教师劳动不是一种短期见效的行为，而是一种具有长期性特点的特殊劳动过程。人才培养的周期长、见效慢。用"十年树木，百年树人"来形容教师劳动过程的长期性是非常贴切的。故选B。

7. "教学有法，教无定法"，教师必须根据实际情况灵活地选用教育方法。这体现了教师劳动的（ ）。

A. 长期性 B. 创造性
C. 示范性 D. 合作性

【答案】 B

【解析】 教师劳动的创造性首先表现在对教育、教学原则和方法的选择和运用上。教育有原则可遵循，人们在长期的教育实践中总结出关于教育教学工作的许多原则，但我们在实际工作中却无法直接套用这些原则。在什么时候、什么情况下运用什么原则以及怎样运用，在很大程度上取决于教师劳动的创造性。故选B。

8. 教育机智是指教师在教育教学活动中表现出来的对新的、意外的情况正确而迅速地做出判断并巧妙地加以解决的能力。教师的教育机智体现了教师劳动的（ ）。

A. 长期性 B. 创造性
C. 示范性 D. 合作性

【答案】 B

【解析】 教师的劳动对象是活泼主动的，教育情景是不断变化的，因此，在复杂的教育教学过程中常常会出现一些事先预料不到的情况，这就要求教师具有高度的教育机智，善于把突发事件转化为教育的契机。教师是否具有较高的教育机智，取决于教师个体的观察能力、综合能力、驾驭能力和创造能力，它是教师个体的教育理论和教育实践经验创造性结合的结晶。故选 B。

9. 根据国家相关规定，幼儿园实行"两教一保制"的班级配班制度，每班配备三名保教人员。三位老师之间应和睦相处、精诚合作、取长补短，形成有效的班级管理力量，建设一个宽松、和谐、健康向上的班集体，为幼儿营造一种宽容、理解、尊重、合作的良好精神环境，从而促进幼儿身心的健康发展。这体现了教师职业劳动的（　　）。

　　A. 复杂性　　　　　　　　　　　B. 互动性
　　C. 示范性　　　　　　　　　　　D. 合作性

【答案】　D

【解析】　教师劳动是个体劳动，更是集体劳动。教师的个体劳动包含在集体劳动之中，教师劳动的成果是个体劳动和集体劳动相互作用的产物。培养学生不是某一个教师个体可以单独承担的，要求教师群体齐心协力，共同努力。要培养体美德智全面发展的学生，需要任课教师、班主任、德育教师等相互协作、共同影响才能取得良好的效果。故选 D。

10. 学生通过做游戏、表演游戏等活动表现其学习的效果，同时也将信息反馈给教师，为教师调整、修正教学活动提供根据。这一过程体现了教师劳动的（　　）。

　　A. 复杂性　　　　　　　　　　　B. 互动性
　　C. 示范性　　　　　　　　　　　D. 合作性

【答案】　B

【解析】　教师劳动离不开其劳动对象学生，教育教学活动是双边的、互动的。教学过程整体上就是一个互动的过程，说明教师劳动是师生双方相互激励、相互作用的互动行为。故选 B。

11. 1978 年，全世界诺贝尔奖获得者在法国巴黎聚会。有记者问当年的诺贝尔物理学奖得主卡皮察："您在哪所大学、哪个实验室里学到了您认为是最主要的东西？"出人意料的是，这位白发苍苍的老人回答道："是在幼儿园。"记者愣住了，又问："您在幼儿园学到了些什么呢？"老人如数家珍地说道："把自己的东西分一半给小伙伴们，不是自己的东西不要拿，东西要放整齐，吃饭前要洗手，做了错事要表示歉意。午饭后要休息，学习要多思考，要仔细观察大自然。从根本上说，我学到的全部东西就是这些。"

这体现了幼儿教师职业道德影响的（　　）。

　　A. 深远性　　　　　　　　　　　B. 丰富性
　　C. 自觉性　　　　　　　　　　　D. 高层次性

【答案】　A

【解析】　教育劳动的效果是滞后的、间接的、潜在的，但其影响却是长久深远的。教师道德影响的"深"，表现在它直接作用于学生的心灵，帮助他们形成一个美好丰富的内心世界；教师道德影响的"远"，表现在教师道德的影响不只局限于学生在校学习期间，而且影响其终身。故选 A。

12. "人心不同，各如其面"这句话提示教师在教育活动中应该关注（　　）。

　　A. 学生的发展性　　　　　　　　B. 学生的独特性
　　C. 学生的主体性　　　　　　　　D. 学生的自主性

【答案】　B

【解析】　每个学生与外界相互作用的方式、风格等都不同，都有其优势和劣势领域，智力特点受到文化和家庭的影响。教师应当将学生看成独特的个体，因材施教，促进学生的全面发展。故选B。

13. 农村幼儿教师小李在观摩了全市优质课之后，非常用心地把优质课录了下来，回到自己的村子所在的幼儿园，带领与优质课相同年龄段的幼儿进行了同样的活动，但是孩子们反应迟钝，与教师互动不起来，教学效果并不理想。这一案例体现了教师劳动的（　　）特点。

　　A. 复杂性　　　　　　　　　　　　B. 长期性
　　C. 示范性　　　　　　　　　　　　D. 合作性

【答案】　A

【解析】　教师劳动具有复杂性。教师的劳动对象既不是死的自然资料，也不是没有意识的动物和植物，而是具有各种独特品质的社会成员。他们是活生生的人，由于先天的遗传素质、个性心理、社会环境、家庭影响以及后天教育的差异，他们有着不同的经历，不同的兴趣、爱好，不同的禀赋、能力，不同的气质、性格，不同的意志、情感，不同的思想、行为，使其发展具有不同的水平和特点，而且都处在不同的发展变化之中。故选A。

14. 当教师职业道德被教师在工作中不断遵循、认识、体验，最后内化为教师人格的一部分时，它便成为一种精神力量，使教师在职业行为中按教师职业道德规范去履行自己的职责，完全成为一种自动化的自觉行为。这体现了教师职业道德的（　　）。

　　A. 对教师工作的动力功能　　　　　　B. 对教师职业行为的调节功能
　　C. 对教育对象的教育功能　　　　　　D. 对社会文明的示范功能

【答案】　A

【解析】　教师职业道德体现着社会对教师的职业要求和作为教师应有的职业行为，具有一种启动性的力量，激发、鼓励教师工作的积极性、主动性和创造性，促使教师不断自我修养、自我发展、自我完善，自觉地做好教育工作。因此，本论述体现了教师职业道德对教师工作的动力功能。故选A。

15. "教师是人类灵魂的工程师"，这句话体现了教师职业道德的（　　）要求。

　　A. 道德要求的高层次性　　　　　　　B. 道德意识的自觉性
　　C. 道德情感的丰富性　　　　　　　　D. 道德影响的深远性

【答案】　A

【解析】　社会将教师视为一种神圣的职业，视为普遍受到人们爱戴和尊敬的职业，因此，在职业道德要求上，自然也就提出了更高、更严格的要求。故选A。

二、材料分析题

材料分析题 1

阅读下面材料，回答问题：

某幼儿园评估督导工作中，一位老师上了一节大班绘本阅读公开课《亲爱的小鱼》。老师在第二环节提问："如果你是小鱼，你来到了大海还会游回来吗？"一名幼儿回答："如果我是小鱼，我会把帽子捡回来给小猫，然后游回来和小猫做游戏！"老师露出吃惊的神情，有点不知所措，因为这名幼儿说出了故事后面的情节。老师本计划是新授故事课，现在幼儿已经知道了下面的故事情节，让她感到课无法进行下去了，脸涨得通红，责怪地说："昨天我把书放在办公桌上，你们偷看了是吧？我真的后悔了，不该把书放在那里。"

问题：请你从教师的劳动特点角度出发，谈谈该教师的做法。

【答案要点】

（1）教师劳动具有创造性。教师劳动的创造性表现在教师的教育机智上。所谓教育机智是指教师在教育教学活动中表现出来的对新的、意外的情况正确而迅速地做出判断并巧妙地加以解决的能力。教师的劳动对象是活泼主动的，教育情景是不断变化的，因此，在复杂的教育教学过程中常常会出现一些事先预料不到的情况，这就要求教师具有高度的教育机智，善于把突发事件转化为教育的契机。教师是否具有较高的教育机智，取决于教师个体的观察能力、综合能力、驾驭能力和创造能力，它是教师个体的教育理论和教育实践经验创造性结合的结晶。

（2）案例中该教师缺乏教育经验，教育观念相对滞后。幼儿的表现让教师无法按照自己预设的内容进行下去，教学无法继续进行，教学实践不能有效保障。幼儿好学好问的个性特点，要求教师的应变能力要强，要有较强的教育机制。教师要以自己"不变"应对幼儿的"万变"，才能在教学活动中把握教育的最佳契机。

材料分析题2

阅读下面材料，回答问题：

某幼儿园中班班主任教师刘老师发现，最近班级里有几个男孩子外出回到活动室，总喜欢用脚踢开门，而不是用手开门。刘老师耐心观察了几天，终于发现了问题根源。原来，班级保育员老师外出打饭回来，一手拎着饭桶，一手端着菜盆，腾不出手开门，于是，用脚将门"打开"，这几个男孩子正是模仿了保育员老师的动作，才出现了用脚"开门"的行为。刘老师先跟保育员老师沟通，让保育员老师改正这样的动作。然后，又跟这几个男孩子沟通，用讨论的语气和方法让孩子们意识到用脚"开门"是不礼貌的行为。

问题：请你从教师的劳动特点角度出发，谈谈保育员老师和刘老师的做法。

【答案要点】

（1）教育是培养人的活动。教师劳动与其他劳动的一个最大的不同点，就在于教师主要是用自己的思想、学识和言行，通过示范的方式去直接影响劳动对象。教师的劳动之所以具有示范性，还在于模仿是幼儿的一个重要的学习方式。他们的学习往往是通过对教师的模仿来进行的。教师劳动的示范性，表现在教育活动的各个方面。

（2）案例中的保育员老师没有意识到自己劳动特点的示范性，因此出现了这几个男孩子模仿她踢门的行为出现。班主任刘老师正是意识到教师劳动的示范性特点，才没有贸然批评这几个男孩子，而是通过与保育员老师沟通，用改变保育员老师行为的方式影响孩子们。

材料分析题3

阅读下面材料，回答问题：

某天上幼儿园小班的萌萌回到家，对妈妈说："我们来玩上课的游戏吧。我来当老师，你来当小朋友。"妈妈说:"好吧。"萌萌接着说:"上课了,老师没叫你动,你小手动什么动? 放好! ……你也给我坐好。你以为说他就不是说你啊! 别说话了,都给我闭嘴。谁要是再说话,我就要胶布把小嘴巴封起来。"妈妈看到女儿的这个样子,不禁对孩子在幼儿园的学习和生活环境担忧起来。

问题:请分析该案例中体现了幼儿教师的哪些劳动特点。

【答案要点】

(1) 该案例体现了幼儿教师劳动的示范性特点。教师的劳动之所以具有示范性,在于模仿是幼儿重要的学习方式。幼儿无论是在知识、智力,还是在心理品质、思想道德等方面的发展,都还处于不成熟时期,独立性和自学、自我教育的能力都有欠缺。幼儿对教师有一种特殊的信任和依恋的情感,他们的学习往往是通过对教师的模仿来进行的。在天真的孩子眼里,教师一般都具有某种权威性,甚至以为"老师说的"都是对的。相信老师,远在严父、慈母、兄长、挚友之上。在许多场合,教师本身的或教师所倡导的思想、行为、品质,往往都是幼儿最可信赖的模仿对象。

(2) 在该案例中,幼儿对幼儿园教师的不当言行加以模仿,并体现在了游戏活动中。所以教师要给幼儿树立良好的榜样。

材料分析题 4

阅读下面材料,回答问题:

早饭洗手时,从盥洗室传来了孩子们嬉笑谈论的声音:"我刚看老师推来的早饭是肥皂,哈哈,今天我们吃肥皂?""吃肥皂?"孩子们欢快地应和着。"老师,今天的早饭是肥皂哦。"孟晨和依涵跑过来告诉张老师,语气中流露出一丝神秘。"哎呀! 真的吃肥皂?"张老师走到饭车前一看,今天的早饭是黄色的发糕,方方正正的,乍一看还真像几块肥皂呢。张老师拿起一块发糕自言自语:"真奇怪,今天居然请小朋友们吃肥皂!"同时故意露出一脸惊喜和疑惑。

之后,张老师顺应孩子们的好奇心,以肥皂为主题,引导孩子展开积极的想象,进行了一次讨论活动,既满足了孩子们的求知欲,又激发了孩子们的想象力。

问题:请分析该案例中体现了教师劳动的什么特点? 张老师的做法如何?

【答案要点】

(1) 该案例体现了幼儿教师劳动的互动性特点。教师劳动具有非常鲜明的互动性。因为教师劳动离不开其劳动对象学生,教育教学活动是双边的、互动的。因此,教师要时刻清楚自己在教学过程中的地位,坚持以学生为主体的教育理念,注意调动学生的兴趣,引发学生的主观能动性。

(2) 该案例中,张老师能够及时发现孩子们的兴趣所在,并顺应孩子们的需要,发起了这次讨论活动,既满足了孩子们的求知欲,又激发了孩子们的想象力。

材料分析题 5

阅读下面材料,回答问题:

张老师是一位青年教师,工作热情非常高,他对学生的要求十分严格,他经常要求学生不要讲脏话,不要乱扔废纸……而这位教师讲课情急时常常"笨猪""死脑子"不绝于耳。

吸烟后，随手将烟蒂抛在课桌下面……教育后的班级会怎样呢？虽然张老师没少磨嘴皮子，没少用各种惩罚手段，但是班上很多学生说脏话、粗话连篇，纸屑杂物随处可见。张老师百思不得其解。

问题：请你帮助分析一下：张老师的行为体现了教师职业劳动的什么特点？他所带的班级为什么会产生这样的后果？做一名班主任应怎样教育学生才能有良好的效果？

【答案要点】

（1）张老师的行为体现了教师的职业劳动示范性的特点。

教师劳动与其他劳动的一个最大的不同点，就在于教师主要是用自己的思想、学识和言行，通过示范的方式去直接影响劳动对象。"教师本人是学校里最重要的师表，是最直观的、最有教益的模范，是学生最活生生的榜样"。任何一个教师，不管他是否意识到这一点，不管他是自觉还是不自觉，他都在对学生进行示范。

（2）张老师不恰当的行为示范是班级产生这样的后果的原因。

张老师教育学生不要说脏话，不要乱扔废纸，自己却说脏话、粗话，乱扔烟头。口头上的教育没有起到正面教育的效果，反倒坏的"身教"对学生起到了明显的负面影响。

（3）班主任对学生进行教育的正确方法。

班主任对学生的教育一定要做到身体力行。班主任只有严格要求自己，随时把自己置身于"榜样"和"镜子"的位置，事事从我做起，才能顺利地"内化"为学生的需要。

第二章

教师职业道德行为规范概述

一、单项选择题（每题只有一个正确答案，错选、多选或未选均无分）

1. 有位学生将几片纸屑随意扔在走廊上，王老师路过时顺手捡起并丢进垃圾桶，该学生满脸羞愧。王老师的行为体现的职业道德是（　　）。
   A. 廉洁奉公　　　　　　　　　　B. 为人师表
   C. 爱岗敬业　　　　　　　　　　D. 热爱学生
   【答案】　B
   【解析】　王老师的行为是严于律己、以身作则的表现，体现了为人师表的职业道德规范。故选B。

2. 有的班主任教师用考试分数给学生排名次，并把它作为安排、调整座位和评先推优的唯一标准。这违反了《中小学教师职业道德规范》中的（　　）。
   A. "爱国守法"　　　　　　　　　B. "教书育人"
   C. "关爱学生"　　　　　　　　　D. "爱岗敬业"
   【答案】　B
   【解析】　这位班主任的行为违反了《中小学教师职业道德规范》中的"教书育人"准则。教书育人要求：遵循教育规律，实施素质教育。循循善诱，诲人不倦，因材施教。培养学生良好品行，激发学生创新精神，促进学生全面发展。不以分数作为评价学生的唯一标准。

   教书育人是教师的天职。教师必须遵循教育规律，实施素质教育。循循善诱，诲人不倦，因材施教。培养学生良好品行，激发学生创新精神，促进学生全面发展。故选B。

3. （　　）是教师专业发展不竭的动力，是时代发展的要求，也是教师职业特点所决定的。
   A. 关爱学生　　　　　　　　　　B. 爱岗敬业
   C. 教书育人　　　　　　　　　　D. 终身学习
   【答案】　D
   【解析】　终身学习是教师专业发展不竭的动力。终身学习是时代发展的要求，也是教师职业特点所决定的。教师必须树立终身学习理念，拓宽知识视野，更新知识结构。潜心钻研业务，勇于探索创新，不断提高专业素养和教育教学水平。故选D。

4. （　　）是教师职业的本质要求。没有责任就办不好教育，没有感情就做不好教育工作。教师要始终牢记自己的神圣职责，志存高远，把个人的成长进步同社会主义伟大事业、同祖国的繁荣富强紧密联系在一起，并在深刻的社会变革和丰富的教育实践中履行自己的光荣职责。

  A. 爱国守法   B. 爱岗敬业
  C. 教书育人   D. 关心集体

【答案】　B

【解析】　爱岗敬业是教师职业的本质要求。没有责任就办不好教育，没有感情就做不好教育工作。教师要始终牢记自己的神圣职责，志存高远，把个人的成长进步同社会主义伟大事业、同祖国的繁荣富强紧密联系在一起，并在深刻的社会变革和丰富的教育实践中履行自己的光荣职责。故选B。

5. 学生小虎平时纪律松散，经常迟到，上课还总与邻座讲话。班主任让小虎把桌椅搬到教室后面的角落里一个人坐。下列选项中，对该班主任行为评价正确的一项是（　　）。

  A. 激励了学生的学习积极性 B. 没有发挥学生的主体性
  C. 没有尊重学生的人格   D. 维护了教师的权威

【答案】　C

【解析】　班主任没有尊重学生的人格。《中小学教师职业道德规范》中规定教师应"关爱学生"。关心爱护全体学生，尊重学生人格，平等公正对待学生。对学生严慈相济，做学生良师益友。维护学生权益。不讽刺、挖苦、歧视学生，不体罚或变相体罚学生。故选C。

6. 学校实施青年教师成长"导师制"，作为导师的李老师手把手地对青年教师进行"传""帮""带"。这体现了李老师（　　）。

  A. 廉洁从教，勤恳敬业 B. 因材施教，乐于奉献
  C. 团结协作，甘为人梯 D. 治学严谨，勇于创新

【答案】　C

【解析】　体现了李老师团结协作，甘为人梯。《中小学教师职业道德规范》中规定教师应"爱岗敬业"，忠诚于人民教育事业，志存高远，勤恳敬业，甘为人梯，乐于奉献。爱岗敬业是教师职业的本质要求。没有责任就办不好教育，没有感情就做不好教育工作。教师要始终牢记自己的神圣职责，志存高远，把个人的成长进步同社会主义伟大事业、同祖国的繁荣富强紧密联系在一起，并在深刻的社会变革和丰富的教育实践中履行自己的光荣职责。故选C。

7. 冯老师在家访时坚持"四多四少"的原则，即"多一点针对性，少一点随意性；多一点肯定，少一点求全责备；多一点情感交流，少一点情况汇报；多一点指导，少一点推卸责任"。冯老师的做法（　　）。

  A. 不可行，仅报喜不报忧，一味迎合家长
  B. 不可行，虽重情感交流，但回避了问题
  C. 可行，体现了他注重沟通策略，尊重家长
  D. 可行，体现了他严格要求自己，家长至上

【答案】　C

【解析】　体现了冯老师注重沟通策略，尊重家长。《中小学教师职业道德规范》中规定教师应"为人师表"。坚守高尚情操，知荣明耻，严于律己，以身作则。衣着得体，语言规范，举止文明。关心集体，团结协作，尊重同事，尊重家长。作风正派，廉洁奉公。自觉抵制有偿家教，不利用职务之便谋取私利。为人师表是教师职业的内在要求。"为人师表"对教师工作具有特殊重要的意义。教师要坚守高尚情操，知荣明耻，严于律己，以身作则，在各个方面率先垂范，做学生的榜样，以自己的人格魅力和学识魅力教育影响学生。要关心集体，团结协作，尊重同事，尊重家长。作风正派，廉洁奉公。故选C。

8. 关于"师爱"，下列说法正确的是（　　）。
  A. 出于私情之爱
  B. 严慈相济，既有母爱的纯真、慈祥，又有父爱的严格、庄重
  C. 对少数优秀学生的关爱
  D. 师爱不具有育人的作用

【答案】　B

【解析】　"关爱学生"是师德的灵魂。教师对学生要严慈相济，做学生的良师益友，保护学生安全，关心学生健康，维护学生权益。故选B。

9. （　　）是师德的灵魂，没有爱就没有教育。
  A. 关爱学生　　　　　　　B. 爱岗敬业
  C. 教书育人　　　　　　　D. 关心集体

【答案】　A

【解析】　关爱学生是师德的灵魂。没有爱就没有教育。教师必须关心爱护全体学生，尊重学生人格，平等公正对待学生。对学生严慈相济，做学生的良师益友。保护学生安全，关心学生健康，维护学生权益。故选A。

10. "师也者，教之以事而喻诸德者也"。这句话体现了（　　）是教师的天职。
  A. 关爱学生　　　　　　　B. 爱岗敬业
  C. 教书育人　　　　　　　D. 关心集体

【答案】　C

【解析】　这句话出自《礼记》。意思是说，作为一个老师，要注重德才兼备，不仅要授学生"谋事之才"，更要传学生"立世之德"，而传德尤为重要。所以说，教书育人是教师应尽的义务和职责，是教师的天职。故选C。

11. 每年王老师都会给自己制订读书计划，并严格执行。这体现了王老师注重（　　）。
  A. 团结协作　　　　　　　B. 教学创新
  C. 终身学习　　　　　　　D. 循循善诱

【答案】　C

【解析】　教师必须树立终身学习理念，拓宽知识视野，更新知识结构。案例中体现了王老师终身学习的理念。故选C。

12. 张老师心情烦躁的时候，会把气撒在孩子身上，随意批评或是打骂幼儿。这表明张老师（　　）。
  A. 具有反思意识　　　　　　B. 具有敬业精神

C. 缺乏心理调适能力　　　　　　　　D. 缺乏终身学习理念

【答案】　C

【解析】　老师在任何时候都要为人师表，不能将情绪带到工作中来。案例中的张老师缺乏心理调适能力。故选C。

13. 朱老师一边要求幼儿安静地玩玩具，一边和同事聊天说笑。该教师的行为（　　）。

A. 正确，应该培养幼儿习惯　　　　　B. 错误，应该小声聊天
C. 正确，利于融洽同事关系　　　　　D. 错误，应该以身作则

【答案】　D

【解析】　教师要坚守高尚情操，严于律己，以身作则，在各个方面率先垂范，做学生的榜样，以自己的人格魅力和学识魅力教育影响学生。朱老师没有做到以身作则。故选D。

14. 骨干教师闵老师在年终的同行测评中得分不高，很郁闷，活动中幼儿出一点差错他就大发雷霆。闵老师应该（　　）。

A. 严格待生，专注教学　　　　　　　B. 保持个性，坚持自我
C. 注重反省，调适自我　　　　　　　D. 迎合同事，搞好关系

【答案】　C

【解析】　幼儿教师应该有良好的心理素养。幼儿教师的工作性质使得其情绪波动会直接影响幼儿，因此，教师在任何时候都应以积极稳定的情绪状态投入教育活动中。故选C。

15. 李老师一个学期对父亲是副乡长的小红家访了8次，却从未对需要帮助的留守儿童小龙家访过。李老师的做法：（　　）。

A. 符合主动联系家长的要求　　　　　B. 有违平等待生的要求
C. 符合因材施教的教育要求　　　　　D. 有违严慈相济的要求

【答案】　B

【解析】　教师公正是一个至关重要的职业道德范畴。教师应该一视同仁，平等对待，不以幼儿的家庭、相貌及教师的个人喜好为标准。故选B。

二、材料分析题

材料分析题1

阅读下面材料，回答问题：

性格文静的馨馨午睡时总是睡不着。为解决这个问题，黄老师耐心地告诉她天天午睡的好处。黄老师还联系家长，请家长配合，让馨馨在家里早睡早起，以帮助形成良好的午睡习惯，可总是收效不大。经过观察，黄老师还发现，馨馨不好运动，到午睡时精神饱满，不觉疲倦，于是黄老师调整策略，首先增加馨馨的活动量，如户外运动后引导她跑几圈，跑完后发给金牌，让她和运动量较大的小朋友一起游戏玩耍。其次，舒缓馨馨的情绪，午睡时不催她，还在耳边轻轻说："没关系，如果睡不着就闭上眼睛躺一会儿吧。"待她睡着后，在她枕头下藏一朵小红花，等她醒来给他一个惊喜……慢慢地，馨馨每天都能睡得着了。

问题：请从教师职业道德的角度，评析黄老师的教育行为。

【答案要点】

黄老师的行为符合教师职业道德中的爱岗敬业、关爱学生、教书育人、为人师表的要求。

（1）爱岗敬业。爱岗敬业要求教师对工作高度负责，不得敷衍塞责。材料中黄老师对待工作认真负责，耐心指导，积极寻求办法解决馨馨的午睡问题，符合爱岗敬业的要求。

（2）关爱学生。关爱学生要求关心爱护学生，尊重学生人格，关心学生身心健康。材料中黄老师一直帮助馨馨养成良好的午睡习惯，午睡时不催她。并通过在她枕头底下放小红花等行为激励和鼓励馨馨，符合关爱学生的要求。

（3）教书育人。教书育人要求教师实施素质教育，循循善诱，诲人不倦，因材施教。材料中黄老师对待馨馨因材施教，户外运动后引导她跑几圈，并把她安排在喜欢运动的孩子之中。这样的行为符合教书育人的要求。

（4）为人师表。严于律己，举止文明，尊重家长。黄老师积极联系家长，寻求家长配合，在没有取得良好效果的结果后，仍然继续积极寻找解决办法，耐心对待学生和家长。这样的行为符合为人师表的要求。

材料分析题2

阅读下面材料，回答问题：

活动开始了，教师请幼儿轻轻搬着椅子到老师身旁来。这时，有的幼儿抱着椅子，有的幼儿推着椅子，有的幼儿拖着椅子往老师身边挤，活动室是一片混乱。

看到这幅情景，教师轻轻走到一位推着椅子的幼儿跟前，抱起他的椅子，说："哎呀，小椅子，对不起，你的腿很疼，是吗？我帮你揉揉。"教师充满关爱的神情和言语引起幼儿的注意，活动室一下子静了下来。"老师，我不推椅子了。""老师，我会抱椅子的。"……推着椅子和拖着椅子的幼儿小心翼翼地抱起椅子，轻轻将椅子放下。教师做出询问小椅子的样子，说："现在椅子很高兴，他说谢谢大家爱护他。"

问题：请从教师职业道德素质角度，评价教师的教育行为。

【答案要点】

（1）教师职业道德是指教师在其职业生活中，调节和处理与他人、与社会、与集体、与职业工作关系所应遵循的行为规范或行为准则，以及在这基础上所表现出来的观念意识和行为品质。

（2）热爱幼儿是幼儿教师职业道德之一，其基本含义是：关爱幼儿，平等、公正地对待幼儿，对幼儿耐心教导，不讽刺、挖苦、歧视幼儿，不体罚或变相体罚幼儿，促进幼儿全面、健康发展。面对幼儿搬椅子的各种不当方式，教师没有讽刺、挖苦、责备他们，而是用行动教育幼儿，体现出热爱幼儿的素养。

（3）教师言行体现出为人师表。其基本含义是：模范遵守社会公德，衣着整洁得体，语言规范健康，举止文明礼貌，严于律己，作风正派，以身作则。教师在活动中注意培养幼儿爱护桌椅的良好习惯，注重塑造幼儿的健全人格。

材料分析题3

阅读下面材料，回答问题：

赵丽老师经常以班级的名义从个体书店以优惠价购买各科课程学习辅导资料，然后以全价卖给同学，几乎是人手一套。同时，她向学生家长暗示或明要礼物、礼品或礼金，特别是在各种节日的时候。此外，她还私下到本市"光华家教辅导中心"等处兼课。在学校讲课时她会"留有一手"，只讲基本内容，对课程的重点也往往一带而过，并直接或间接地介绍同学去"光华家教辅导中心"等民办课外辅导机构或家教中心接受辅导或参加"补课"。当然，同学接受辅导或参加"补课"是要交高额学费的，"光华家教辅导中心"等处给赵丽老师很多讲课费和介绍费。

问题：从教师职业道德的角度，分析材料中教师行为存在的主要问题。

【答案要点】

（1）赵老师行为存在的主要问题是违反教师职业道德规范。违反教师职业道德规范"爱岗敬业、为人师表"的要求。

（2）教师应当爱岗敬业，忠诚于人民教育事业，志存高远，勤恳敬业，甘为人梯，乐于奉献。对工作高度负责，认真备课上课，认真批改作业，认真辅导学生。不得敷衍塞责。

（3）教师应当为人师表。坚守高尚情操，知荣明耻，严于律己，以身作则。衣着得体，语言规范，举止文明。关心集体，团结协作，尊重同事，尊重家长。作风正派，廉洁奉公。自觉抵制有偿家教，不利用职务之便谋取私利。

（4）案例中赵老师利用职务之便谋取私利，收取课程学习辅导资料的差价，挣取不义之财；向学生家长暗示或明要礼物、礼品或礼金；校内教学工作"敷衍塞责"，讲课"留有一手"，有意私下挣取"光华家教辅导中心"等处的高额兼课酬金和介绍费等行为，都是违反教师职业道德行为规范的，应对其进行教师职业道德行为规范教育。

材料分析题 4

阅读下面材料，回答问题：

教师节前夕，许老师收到了毕业多年的学生小雪的来信：

许老师，您还记得毕业前的那次主题班会吗？班会上您送给我们每人一张三年前刚入校时的照片，并在照片的背面写上您的赠言，送给即将走进考场的我们。我端详着照片中有些稚嫩的自己，翻看背面您的赠言："相信自己，成功就在每一步的坚持中！"心中涌动着一阵暖流，这句话给了我前进的动力，激励我实现了梦想。

我不会忘记，您陪我走过情绪低沉的时光。突如其来的重病使我一度那么的消沉与无助，是您无微不至的关心给了我战胜病魔的信心与勇气！等我身体恢复后，您又利用休息时间不知疲倦地帮我补习落下的功课。

我不会忘记，为了与同学们有更多的交流话题，年过半百的您学习制作视频，关注足球赛事，就连"超女快男"也略知一二；我不会忘记，为了拓展同学们的知识面，您带领我们一起快乐"悦读"，不会忘记您在课余时间伏案学习的背影……

问题：请从教师职业道德的角度，评析许老师的教育行为。

【答案要点】

（1）许老师的教育行为符合《中小学教师职业道德规范》中的"爱岗敬业""关爱学生""终身学习"的规定。

（2）爱岗敬业。忠诚于人民教育事业，志存高远，勤恳敬业，甘为人梯，乐于奉献。对工作高度负责，认真备课上课，认真批改作业，认真辅导学生。不得敷衍塞责。爱岗敬业是教师职业的本质要求。没有责任就办不好教育，没有感情就做不好教育工作。教师要始终牢记自己的神圣职责，志存高远，把个人的成长进步同社会主义伟大事业、同祖国的繁荣富强紧密联系在一起，并在深刻的社会变革和丰富的教育实践中履行自己的光荣职责。

（3）关爱学生。关心爱护全体学生，尊重学生人格，平等公正对待学生。对学生严慈相济，做学生良师益友。保护学生安全，关心学生健康，维护学生权益。不讽刺、挖苦、歧视学生，不体罚或变相体罚学生。关爱学生是师德的灵魂。没有爱就没有教育。教师必须对学生严慈相济，做学生的良师益友。

（4）终身学习。崇尚科学精神，树立终身学习理念，拓宽知识视野，更新知识结构。潜心钻研业务，勇于探索创新，不断提高专业素养和教育教学水平。终身学习是教师专业发展不竭的动力。终身学习是时代发展的要求，也是教师职业特点所决定的。

材料分析题 5

阅读下面材料，回答问题：

李先生的儿子浩浩今年3岁半，刚上幼儿园。最近李先生发现儿子从幼儿园回家总是闷闷不乐，不愿意洗澡，一提幼儿园就万分恐惧，有时候梦里还哭喊："不要打我，妈妈快来救我。"一天浩浩要小便，李先生帮他脱下裤子，竟然发现大腿有两块瘀青。在李先生的追问下，浩浩告诉爸爸："我不安静睡午觉，被老师用棍子打的。"李先生去幼儿园要求调出监控录像，发现老师打浩浩的镜头。

问题：请问材料中的教师违背了哪些职业道德？

【答案要点】

（1）违背了爱国守法的职业道德。该教师体罚幼儿，殴打幼儿，首先违背了爱国守法的职业道德。《中华人民共和国未成年人保护法》和《教师法》中明确规定要爱护幼儿，但是该教师没有做到。

（2）违背了爱岗敬业的职业道德。幼儿园教师的劳动对象具有幼稚性，他们是发展中的人。幼儿园教师具有保育和教育的职责，要爱护幼儿。但是该教师没有履行其职责，违背了爱岗敬业的职业道德要求。

（3）违背了关爱学生的职业道德。作为教师不管是表现优秀的幼儿还是有行为问题的幼儿都应该一视同仁，关心和爱护他们，但是该教师没有做到。

（4）违背了为人师表的职业道德。教师的劳动具有示范性，教师殴打幼儿的行为会对幼儿产生消极的影响。

（5）违背了教书育人的职业道德。幼儿园教师不仅要教给幼儿知识与技能，更要教会幼儿如何做人。该教师在幼儿不遵守纪律时不是教育幼儿如何去做，而是用殴打的方式制止其行为，不利于孩子健康成长。

第三章

幼儿教师职业行为

一、单项选择题（每题只有一个正确答案，错选、多选或未选均无分）

1. 留守儿童小华身上有一些不良行为习惯，班主任老师应（　　）。
   A. 关心爱护小华，加强对他的行为养成教育
   B. 宽容理解小华，降低对他的要求并顺其自然
   C. 严厉责罚小华，令其尽快改变不良行为习惯
   D. 联系小华家长，责令其督促小华改变不良习惯

【答案】　A

【解析】　班主任老师应关心爱护小华，加强对他的行为养成教育。《中小学教师职业道德规范》中规定教师应"关爱学生"。关心爱护全体学生，尊重学生人格，平等公正对待学生。对学生严慈相济，做学生良师益友。保护学生安全，关心学生健康，维护学生权益。故选A。

2. 学生李某因在上课时嬉戏打闹，被班主任罚打手心30下，班主任的这种做法（　　）。
   A. 正确，有利于维护课堂教学秩序
   B. 错误，不能对学生实施体罚或变相体罚
   C. 正确，这是教师惩戒学生的权利
   D. 错误，对学生体罚应当适度。

【答案】　B

【解析】　《教师职业行为规范》中的教师人际行为规范规定："教师与学生之间要做到：热爱学生，关心学生，尊重学生；严格要求，耐心教导，循循善诱，不偏不袒；不以师生关系谋取私利。"教师在课堂上更不能以任何形式对学生实施体罚或变相体罚。故选B。

3. 学生干部选举前，有的家长给班主任陈老师送束花要求照顾，陈老师拒绝，这件事体现了陈老师（　　）。
   A. 严慈相济　　　　　　　　　　B. 关爱学生
   C. 因材施教　　　　　　　　　　D. 廉洁从教

【答案】 D

【解析】《教师职业行为规范》中的教师思想行为规范规定：教师要"正直诚实，作风正派，为人师表，遵纪守法"。教师要加强职业道德修养，依法行教，不从事有偿家教，不利用职权向学生或者学生家长索要礼物、钱财或让学生家长为自己提供个人服务，不接受学生家长的宴请及其他类此要求，时刻树立教师的良好形象。故选 D。

4. 新入职的王老师想去骨干教师李老师班上听课和学习经验，李老师笑容可掬地说："你是名牌大学毕业的高才生，我的课上得不好，就不要去听了。"这表明李老师（　　）。

A. 缺乏专业发展意识　　　　　　　B. 缺乏团结协作精神
C. 能够尊重信任同行　　　　　　　D. 鼓励同事自我提升

【答案】 B

【解析】《教师职业行为规范》中强调，教师与同事之间要保持协同、向上的合作关系，互相尊重、互相学习、取长补短、乐于助人。教师要把学生的发展作为工作的目标，通过课题研究、教学实践等活动共同研讨教育教学中的各种问题，携手攻关，解决难题。杜绝为了名誉、职称或者成绩排名而相互对立和损坏学生利益的现象。故选 B。

5. 班主任李老师在教室后边堆放清洁工具的角落旁边设置了一个特殊座位，距离其他同学有几排的位置，凡是班上调皮和违反课堂纪律的同学就安排在特殊座位听课。这一做法（　　）。

A. 是变相体罚学生的错误做法，侵犯了学生的人格权。
B. 是帮助学生改正错误的有效手段
C. 是既保证学生的受教育权，又履行了教学管理权的有效方法
D. 侵犯了学生的受教育权

【答案】 A

【解析】 变相体罚，是指采取间接手段，对学生肉体和精神实施惩戒并使其受到伤害的行为，如劳动惩罚、抄过量作业、脸上写字、讽刺挖苦、谩骂、烈日下暴晒等行为。这位班主任教师的行为属于变相体罚做法，侵犯了学生的人格权。故选 A。

6. 既要严格要求学生，又要尊重学生，对待学生要一视同仁。热情、耐心地回答学生提问。不能讽刺、挖苦学生。这是教师行为规范中（　　）规范的要求。

A. 思想行为　　　　　　　　　　　B. 教学行为
C. 人际行为　　　　　　　　　　　D. 仪表行为

【答案】 B

【解析】 教师的教学行为规范第六条规定：教师既要严格要求学生，又要尊重学生，对待学生要一视同仁。热情、耐心地回答学生提问。不能讽刺、挖苦学生。故选 B。

7. 许多老师发现，不少孩子在家过了一个双休日后，再回到幼儿园，一些良好的行为习惯就退步了，比如不认真吃饭，乱扔东西，活动时喜欢说话，对此，老师正确的做法是（　　）。

A. 召开家长会，点名要求做得不好的家长向做得好的家长学习
B. 密切联系家长，并要求家长完全按照老师的要求去做
C. 发挥自己学有专攻的优势，为家长提供指导

D. 不过于干涉家庭教育，做好园内教育工作

【答案】 C

【解析】 教师要处理好与家长的关系，为家长提供专业指导。故选 C。

8. 《中小学班主任工作条例》第十四条规定，班主任工作量按当地教师标准课时工作量的（　　）计入教师基本工作量。各地要合理安排班主任的课时工作量，确保班主任做好班级管理工作。

A. 三分之一　　　　　　　　　B. 四分之一
C. 五分之一　　　　　　　　　D. 一半

【答案】 D

【解析】 《中小学班主任工作条例》第十四条规定班主任工作量按当地教师标准课时工作量的一半计入教师基本工作量。各地要合理安排班主任的课时工作量，确保班主任做好班级管理工作。故选 D。

9. 下列班主任的做法中，违反《中小学班主任工作条例》的是（　　）。

A. 全面了解班级内每一个学生，深入分析学生思想、心理、学习、生活状况
B. 认真做好班级的日常管理工作，维护班级良好秩序，培养学生的规则意识、责任意识和集体荣誉感，营造民主和谐、团结互助、健康向上的集体氛围
C. 组织本班学生自行制定和实施班规，负责收缴学生违规罚款，决定班费开支
D. 组织、指导开展班会、团队会（日）、文体娱乐、社会实践、春（秋）游等形式多样的班级活动，注重调动学生的积极性和主动性，并做好安全防护工作

【答案】 C

【解析】 《中小学班主任工作条例》第三章职责与任务规定：

第八条　全面了解班级内每一个学生，深入分析学生思想、心理、学习、生活状况。关心爱护全体学生，平等对待每一个学生，尊重学生人格。采取多种方式与学生沟通，有针对性地进行思想道德教育，促进学生德智体美全面发展。

第九条　认真做好班级的日常管理工作，维护班级良好秩序，培养学生的规则意识、责任意识和集体荣誉感，营造民主和谐、团结互助、健康向上的集体氛围。指导班委会和团队工作。

第十条　组织、指导开展班会、团队会（日）、文体娱乐、社会实践、春（秋）游等形式多样的班级活动，注重调动学生的积极性和主动性，并做好安全防护工作。

第十一条　组织做好学生的综合素质评价工作，指导学生认真记载成长记录，实事求是地评定学生操行，向学校提出奖惩建议。

第十二条　经常与任课教师和其他教职员工沟通，主动与学生家长、学生所在社区联系，努力形成教育合力。

故选 C。

10. 有的班主任教师用考试分数给学生排名次，并把它作为安排、调整座位和评先推优的唯一标准。这违反了《中小学教师职业道德规范》中的（　　）。

A. "爱国守法"　　　　　　　B. "教书育人"
C. "关爱学生"　　　　　　　D. "爱岗敬业"

【答案】 B

【解析】 有的班主任教师用考试分数给学生排名次，并把它作为安排、调整座位和评先推优的唯一标准。这违反了《中小学教师职业道德规范》中的"教书育人"。教书育人，要求教师遵循教育规律，实施素质教育。循循善诱，诲人不倦，因材施教。培养学生良好品行，激发学生创新精神，促进学生全面发展。不以分数作为评价学生的唯一标准。故选B。

11. 当前教师队伍中存在着以教谋私，热衷于"有偿家教"的现象，这实际上违背了（   ）。
   A. 爱岗敬业的职业道德　　　　　　　B. 依法执教的职业道德
   C. 严谨治学的职业道德　　　　　　　D. 廉洁从教的职业道德
【答案】 D
【解析】 "有偿家教"违背了廉洁从教的职业道德。故选D。

12. 贾老师刚从名牌大学毕业，他自认为自己能力强，专业功底扎实，于是不认真备课上课。这种行为（   ）。
   A. 可以，不影响教学即可
   B. 贾老师能力强，不必认真备课
   C. 贾老师是刚毕业的大学生，不必强求
   D. 不可以，每位教师都应认真备课上课
【答案】 D
【解析】 贾老师的行为不可行，认真备课上课是每位教师都应做到的，是爱岗敬业的体现。故选D。

13. 吴老师觉得自己已经教了十几年书了，不用学什么多媒体教学。你认为吴老师的观点（   ）。
   A. 对，多媒体教学不能滥用
   B. 不对，教师应专注自身学习，有利于升职
   C. 不对，教师应树立终身学习理念
   D. 对，吴老师用习惯了传统教学方式，不必用多媒体
【答案】 C
【解析】 吴老师应当学习多媒体教学，树立终身学习的理念。故选C。

14. 李老师刚走进教室就看见小强和小敏打架，你推我拉，互不相让。下列处理方式，最恰当的一项是（   ）。
   A. 马上制止，让两位幼儿到教师办公室解决
   B. 不予理睬，继续教学
   C. 批评训斥幼儿
   D. 了解原因，并引导幼儿自己解决矛盾
【答案】 D
【解析】 了解原因，引导幼儿自己解决矛盾这一做法既避免了事态的激化，又没有浪费宝贵的教学时间，更主要的是让幼儿自己解决矛盾，体现了现代教育观。故选D。

15. 殷老师特别喜欢学习，不仅上班的时候积极听老教师的课，而且在业余时间自修研究新课程，潜心研究教学方法。她虽然很年轻，但是已经连续三年当选教学能手了。这体现

了殷老师（　　）。

A. 有终身学习理念　　　　　　　B. 专注自身学习，将来能考研究生
C. 关爱学生　　　　　　　　　　D. 志存高远，乐于奉献

【答案】　A

【解析】　殷老师喜欢学习，并且取得了一定成绩，这说明殷老师有终身学习的理念。故选A。

二、材料分析题

材料分析题1

阅读下面材料，回答问题：

小华这段时间有一个不好的行为，就是总爱把班级里好玩的玩具偷偷地藏起来，有时放在自己的衣帽柜里，有时放在自己的衣服兜里，有时还会放在户外的某个角落。老师请来了小华的妈妈，委婉地向她说明了请她来的原因，小华妈妈非常感激老师及时发现了孩子的这个行为并与她沟通，决心和老师一起教育好孩子，又一再请求老师一定要替她的儿子保密，以保护儿子心灵不受伤害。经过一段时间的共同努力，小华的不良行为得到了改正。

问题：请结合上述案例分析，教师应该如何处理好与家长的关系？

【答案要点】

教师要做好教育工作，就必须取得家长的紧密配合，处理好与家长的关系。

（1）教师要与家长建立平等的关系。教师与家长都是以教育好学生为目的，应该建立彼此信任、相互支持的平等关系。只有平等才有沟通的可能，只有平等双方才不会进入误区，形成扯皮推诿的状态，才能齐心合力教育好学生。

（2）教师要与家长建立良好的沟通。教师要积极主动与家长建立联系，通过家访、家长会、联系手册、电话等各种形式与家长沟通情况，共同商讨、协调教育方法。教师要有服务意识，尊重家长，不要伤害家长的感情，沟通时要虚心听取家长的意见和建议。要及时地通报学生的思想、学习、生活情况，特别是出现异常情况或突发事件时，要第一时间与家长沟通，及时分析原因，商讨对策，共同实施最有效的教育方法。

总之，家长与教师的关系只能是平等互助的、齐心协力的朋友关系，只有双方同心协力且方法得当，关系才会融洽，才会出现"1+1>2"的教育效果。

材料分析题2

阅读下面材料，回答问题：

何老师班上的小龙，经常迟到、旷课、不完成作业，还欺负同学。在多次批评教育无效后，何老师决定到他家去一趟，向他父母告状。到小龙家时，何老师惊奇地发现他正在做家务。见到何老师，小龙吃了一惊，但还是喊了一声"老师好"后跑回房里。同小龙父母交谈后，何老师了解到小龙家庭贫困，父母每天早出晚归，疏于教导，让孩子养成了一些坏习惯。但这孩子在家还挺懂事，也能帮忙干活。于是，何老师把本来告状的话收了回来。第二天，何老师在班上表扬了小龙懂礼貌，见到老师主动问好，在家能做家务，希望同学们能像

小龙学习。接下来,老师安排他负责班级卫生工作,并对他的尽职尽责及时予以表扬。没过多久,小龙在课堂上认真多了,同学关系也融洽了,还成了老师的得力助手。

问题:请从教师职业道德的角度,评析何老师的教育行为。

【答案要点】

何老师的行为遵守了《教师职业行为规范》的相关规定。

(1)教师要以真情对待学生,关心爱护学生。要建立良好的师生情感交流,公平地对待每一个学生,尤其是对于学习成绩不理想的学生,教师要多鼓励、多关怀,相信他们的潜能,真正帮助他们。何老师在了解到小龙的情况后,没有讽刺、挖苦小龙,而是表扬他的礼貌和懂事,体现出对小龙的关心和爱护。

(2)教师要积极关注、赏识和赞美学生。教师要善于发现学生的"闪光点",不失时机地给予表扬。关注尖子生,更要关注处于中流的大部分学生和后进学生,不断激发他们的潜能,让其闪光之处得到展示,不要对任何学生过早下结论,让每一个学生都成为可塑之才。何老师在发现小龙懂事和礼貌的优点之后,及时表扬和鼓励,并让他负责全班的卫生工作,采用积极关注、赏识教育的方式,让小龙获得了全面发展。

材料分析题 3

阅读下面材料,回答问题:

孙老师为某幼儿师范学校毕业生,毕业后到幼儿园任教。在职称评定时,孙老师因未过三分之二多数票而被否决。她非常气愤,认为是领导有意整她,到园长办公室大吵大闹。因倍感委屈,上课时控制不住自己而声泪俱下,无法继续上课,中途回办公室休息。后又因心情不好,在家休息,只好请别的老师代课。之后又在教师的集体活动中,不顾场合,只要看见领导就想发脾气,宣泄心中的不快。

问题:你认为孙老师应如何处理与领导的关系?

【答案要点】

在学校中,教师与领导只是分工的不同,每个人在人格上是平等的。作为教师要支持领导工作,理解体谅领导的难处。要找准自己的位置,与领导和睦相处,心理相容,怀着快乐的心情去工作,创造佳绩,实现自己的人生价值。

(1)教师要服从领导,尊重领导。学校是一个大系统,教师是系统中的一员,如果每个教师都是脱离领导核心的游离分子,那就不能形成一个具有凝聚力的整体,学校就不可能办好。教师必须正确地对待领导,服从和支持领导的工作,打破"完人"观念,对领导要有适度、合理的期望值。

(2)教师要积极配合领导工作。要关心学校工作,及时提出合理化建议。在执行领导布置的工作和任务时要真抓实干,善于动脑,总结经验。对领导在工作中出现的缺点和失误,要真心实意地帮助,抱着对工作负责、与人为善的态度予以指正。

材料分析题 4

阅读下面材料,回答问题:

某学校一位实习老师,教数学。他上课很有趣,但对学生很严格,如果有上黑板演示题目做不出题,就会骂人。最严重的一次是,一个学习不好的男同学被教了好几次还做不对,他一怒之下就把人家的头往黑板上撞,用非常粗俗的话骂他。那个男生受不了这样的刺激,最后厌学,不肯再读书了,连高中都没上。

问题:请从教师职业行为规范角度谈谈,这位数学实习老师的做法错在哪里?

【答案要点】

(1)这位数学实习教师辱骂、体罚学生严重违背了教师职业行为规范。

(2)教师职业行为规范要求,教师既要严格要求学生,又要尊重学生,对待学生要一视同仁。热情、耐心地回答学生提问,不能讽刺、挖苦学生。特别是对待学习进度较慢的学生,切勿急躁和挖苦,学会用积极、鼓励的态度循序渐进地引导学生,有针对性地实施辅导并运用教育学和心理学的理论,分析学生学习困难的原因,努力探讨解决问题的方法,不让一个学生掉队。

(3)案例中的数学实习教师,要让学生学好数学,对学生可以严格,但必须严而有度,严而有方。可是这位教师,对演示不出数学题目就要骂人,甚至对教了几遍还不会的学生,使用威胁性语言甚至体罚学生。这种做法是错误的,严重违背了教师行为规范。

材料分析题5

阅读下面材料,回答问题:

淘淘是个有思想、有个性的小朋友,老师刚与他接触时几乎无从下手,觉得很难沟通。但是经过几天的观察,老师发现淘淘其实很聪明,一遇到新鲜事就会发问,他的好奇心特别强,而且与其他小朋友相处得挺好,可就是不愿意上课。上第一节课的时候,他的兴趣不大,只坐了几分钟。上第二节课的时候,老师课前与小朋友做了3个游戏,这吸引了淘淘的注意力,也过来加入游戏队伍当中。此时老师表扬了他,还给他贴上了五角星,淘淘非常高兴,老师又告诉他:"你以后好好上课,我每节课都给你贴小星星。"那天放学以后,老师在班上表扬了淘淘,他的兴趣马上高涨起来。后来,老师与淘淘成为"好朋友",下课的时候他会与老师玩、聊天,也愿意上课了,而且有时候还会提出好多问题。小朋友和老师都夸淘淘进步大,也都越来越喜欢他了。

问题:结合案例,分析如何建立良好的师幼关系?

【答案要点】

(1)树立正确的师幼观。师幼之间要相互尊重、相互关爱。教师不仅要将幼儿当成教育的对象,更要将幼儿看作学习的主人,教师要高度尊重幼儿的人格,尊重幼儿的自主性、主动性和积极性。同时,幼儿在身心方面还不成熟,离不开教师的引导,因此,幼儿又必须尊重、信赖、依靠教师。在案例中,教师能够树立正确的师幼观,尊重每一位幼儿的人格,并尊重幼儿的主动性和积极性。

(2)提高教师自身的素质。教师要积极提高个人素质、增强教学能力、展现人格魅力。教师只有具备高尚的品德、深刻而丰富的知识、高超的教育教学能力,才能为幼儿提供高效优质的教学,提高教育影响力,得到幼儿的爱戴和尊重。在案例中,教师具有较强的教育教学能力,能够发挥淘淘身上的优势,进而促进淘淘的全面进步。

(3)发扬民主平等的精神。在教育教学中,教师要树立威信,才能建立正常的学校秩序,提高教育教学效果。但是,真正的教师威信不能单靠行政手段来建立,教师也不能以"权威"自居,而是要发扬民主的精神,以平等的态度对待幼儿,营造一个轻松、民主的教学氛围。

（4）正确处理师幼矛盾。师幼之间发生矛盾时，教师要善于控制自己的情绪，耐心听取幼儿的意见，冷静全面地分析矛盾。如果是教师自身的问题，要敢于做自我批评，向幼儿承认错误；如果是幼儿的错误，教师要耐心地进行说服教育，帮助幼儿解决困难，启发幼儿自省改错。只有这样，才能妥善地处理师幼之间的矛盾，促进良好师幼关系的建立。

第四章

教师职业道德评价

一、单项选择题（每题只有一个正确答案，错选、多选或未选均无分）

1. 在以下几种评价方法中，教师既是评价的主体，又是被评价的客体的评价方法是（　　）。
   A. 自我评价法　　　　　　　　B. 社会评价法
   C. 学生评价法　　　　　　　　D. 模糊综合评判法

   【答案】　A

   【解析】　自我评价是指教师个人根据教师职业道德规范和教师职业道德评价的标准、原则等一系列评价体系，对自己的道德所进行的一种自我认识、自我判断、自我评价。自我评价是教师自己对自己的道德进行评价，在这个过程中教师既是评价的主体，又是被评价的客体。故选 A。

2. 孔子所说"其身正，不令而行；其身不正，虽令不从"，从教师的角度来说可以理解为（　　）。
   A. 走路身体一定要端正
   B. 对学生下命令一定要正确
   C. 学生不需要教育
   D. 教师自己要以身作则，一言一行都会对学生产生巨大的影响

   【答案】　D

   【解析】　孔子说："其身正，不令而行；其身不正，虽令不从。"教师严于律己，以身作则，为人师表，在各个方面做学生的榜样，以自己的人格魅力和学识魅力教育影响学生。故选 D。

3. 在进行教师职业道德评价的过程中，采取实事求是的态度，真实、客观地反映教师职业道德的实际情况，这是教师职业道德评价的（　　）。
   A. 教育性原则　　　　　　　　B. 民主性原则
   C. 客观性原则　　　　　　　　D. 方向性原则

   【答案】　C

【解析】 评价的客观性原则是指在进行教师职业道德评价的过程中，必须采取实事求是的态度，真实、客观地反映教师职业道德的实际情况。尊重客观事实，实事求是地反映事物的本来面目是做好一切工作的基础。故选C。

4. 在教师年终考核表中，有一项是教师道德考核自我鉴定，这是教师职业道德评价的（　　）。

A. 社会评价法　　　　　　　　　B. 自我评价法
C. 社会评价法　　　　　　　　　D. 加减评分法

【答案】 B

【解析】 自我评价法是指教师个人根据教师职业道德规范和教师职业道德评价的标准、原则等一系列评价体系，对自己的道德所进行的一种自我认识、自我判断、自我评价。故选B。

5. 幼儿教师在一日生活各个环节都要做到"为人师表，以身作则"，这是教师职业道德评价的（　　）标准。

A. 富有时代精神的教育观
B. 集体主义的价值观
C. 全方位发展的知识观
D. 为人师表的行为举止观

【答案】 D

【解析】 孔子说："其身正，不令而行；其身不正，虽令不从。"教师严于律己，以身作则，为人师表，在各个方面做学生的榜样，以自己的人格魅力和学识魅力教育影响学生。故选D。

6. 今日，围绕"三严三实"，教师党员展开了如何做好本职工作的大讨论。这体现了教师职业道德评价的（　　）。

A. 指挥定向功能　　　　　　　　B. 教育发展功能
C. 分等鉴定功能　　　　　　　　D. 督促激励功能

【答案】 B

【解析】 教育发展功能是指在教师职业道德评价过程中评价者和被评价者互相影响和启发，通过对方的反馈信息进一步认识到自己的不足，同时学习对方的长处，使自己受到教育，促进自己思想品德的发展。本题中，教师之间通过批评与自我批评，实现了教师职业道德评价的教育发展功能。故选B。

7. 对教师的职业道德考核要注意充分听取学生、教师、家长、学校和社会等各方面意见，这体现的是（　　）。

A. 教育性原则　　　　　　　　　B. 发展性原则
C. 民主性原则　　　　　　　　　D. 方向性原则

【答案】 C

【解析】 民主性原则是指教师职业道德评价要坚持走群众路线，要相信、尊重、依靠教育行政部门、学校领导、教职员工和社会各界，调动各方面的积极性，充分发扬民主，共同搞好教师职业道德评价工作。发扬民主、走群众路线是我们党的优良传统和作风，也是我们进行教师职业道德评价必须坚持的根本路线。因为教师职业道德评价工作主要是由群众来做的。故选 C。

8. 教师职业道德区别于其他职业道德的显著标志就是（　　）。
   A. 为人师表　　　　　　　　　　B. 清正廉洁
   C. 敬业爱业　　　　　　　　　　D. 团结协作
   【答案】　A
   【解析】　教师职业的服务对象是人，这种职业特殊性决定了教师职业道德区别于其他职业道德的显著标志即"为人师表"。故选 A。

9. 教师职业道德评价时，运用定量方法的关键在于考核指标体系的确立（　　）。
   A. 指标不能过细　　　　　　　　B. 指标的细化
   C. 指标不宜明确　　　　　　　　D. 各指标权重分配应合理
   【答案】　D
   【解析】　加减评分法是定量评价法的一种。运用定量评价法时，科学地确定各项指标及其所占分值是运用这种方法的一个前提条件，也是这种方法能否取得成效的一个基础。因此，在具体评价工作中，首先要根据《师德规范》的要求，运用科学的手段确定各项指标及其分值。故选 D。

10. 社会群体、团体依靠社会舆论和传统习俗对教师职业道德进行评价，是教师职业道德评价中的（　　）。
    A. 集体评价　　　　　　　　　　B. 学生评价
    C. 他人评价　　　　　　　　　　D. 社会评价
    【答案】　D
    【解析】　社会评价法是指行为当事人之外的个人或组织如学校或其他社会方面的人员，根据教师职业道德规范，对教师的道德状况所做出评价的一种方法。故选 D。

11. 根据《师德规范》和《教师法》《教育法》等文件中对教师职业道德的要求，定出一些应予提倡的良好思想行为项目为加分项目，依据其好坏程度，确定应该加分的分值，列出一些应予取缔的不良行为项目为减分项目，依据其危害程度确定扣分的分值，然后计算总分数。这是教师职业道德评价的（　　）方法。
    A. 自我评价　　　　　　　　　　B. 学生评价
    C. 社会评价　　　　　　　　　　D. 加减评分
    【答案】　D
    【解析】　加减评分法是根据国家对教师职业道德的日常行为要求，找出一系列评语式的测评项目，对每一测评项目做一些具体规定，指明达到什么程度加多少分或减多少分，最后计算分数以表明其等级。故选 D。

12. 把教师职业道德的质量评判转化为数量评判，对每一行为的评判都有统一的、具体的标准，评价结果比较客观、精确。这是教师职业道德评价（　　）方法的优点。
    A. 自我评价　　　　　　　　　　B. 学生评价
    C. 社会评价　　　　　　　　　　D. 加减评分
    【答案】　D
    【解析】　加减评分法是根据国家对教师职业道德的日常行为要求，找出一系列评语式的测评项目，对每一测评项目做一些具体规定，指明达到什么程度加多少分或减多少分，最后计算分数以表明其等级。因此，这种评价方法的优点是评价量化，具体。故选 D。

13. （　　）是指教师职业道德评价要坚持走群众路线，要相信、尊重、依靠教育行政部门、学校领导、教职员工和社会各界，调动各方面的积极性，充分发扬民主，共同搞好教师职业道德评价工作。

A. 教育性原则　　　　　　　　　　B. 发展性原则
C. 民主性原则　　　　　　　　　　D. 方向性原则

【答案】　C

【解析】　民主性原则是指教师职业道德评价要坚持走群众路线，要相信、尊重、依靠教育行政部门、学校领导、教职员工和社会各界，调动各方面的积极性，充分发扬民主，共同搞好教师职业道德评价工作。故选 C。

14. 李老师是幼儿园骨干教师，园领导认为，能够上好公开课，能够使孩子在幼儿园期间健康快乐，就是一位好老师。对于李老师在节日时接受家长的馈赠和旅游邀约等现象，园方视而不见。请问案例中园方在评价教师的职业道德时违反了职业道德评价的（　　）特点。

A. 评价内容全面化　　　　　　　　B. 评价标准多元化
C. 评价方法多样化　　　　　　　　D. 评价体系开放化

【答案】　A

【解析】　教师职业道德评价既要重视教师业务水平的提高，也要重视教师的职业道德修养，形成生动、活泼、开放的教育氛围。案例中的幼儿园领导只重视教师的业务素质，却忽视了教师的职业道德修养。故选 A。

15. 中小学教师职业道德考核等级考核结果分为优秀、合格、不合格三个档次。这是教师职业道德评价的（　　）。

A. 指挥定向功能　　　　　　　　　B. 教育发展功能
C. 分等鉴定功能　　　　　　　　　D. 督促激励功能

【答案】　C

【解析】　教师职业道德评价的结果是通过评价区别出好坏、优劣，进而判定某一教师职业道德水平的高低亦即他的职业道德与社会主义社会教师职业道德规范相符合的程度。这就是教师职业道德评价的分等鉴定功能。故选 C。

二、材料分析题

材料分析题 1

阅读下面材料，回答问题：

张老师是园里的骨干教师，活动设计与组织能力很强。但是对待幼儿和家长却非常"专制"。对于班级幼儿来说，她是主宰者，一切必须听从她的安排，对于张老师的指令，幼儿必须无条件服从；对于家长来说，张老师是主导者，在与家长沟通时，她从来都是以一种居高临下的态度对待家长，家长若对张老师提出异议，她便以专家的身份驳回家长的意见。幼儿园在对该教师进行评价时，仅仅从教师的活动组织能力方面进行评价，认定张老师为全园的教学能手。

问题：请你从教师职业道德评价的原则入手，谈谈该园在评价张老师时，存在什么问题。

【答案要点】

（1）对教师职业道德评价要贯彻民主性原则，要坚持走群众路线，要相信、尊重、依靠教育行政部门、学校领导、教职员工和社会各界，调动各方面的积极性，充分发扬民主，共同搞好教师职业道德评价工作。

对教师职业道德评价还要贯彻客观性原则。必须采取实事求是的态度，真实、客观地反映教师职业道德的实际情况。尊重客观事实，实事求是地反映事物的本来面目是做好一切工作的基础。要求评价者要对评价对象进行广泛调查、全面收集资料，并严肃、认真地整理资料，按照客观、统一的标准进行评价。

（2）在该案例中，这所幼儿园没有发挥民主性原则，只是从幼儿园领导角度出发评价教师。而且，在评价时，也没有广泛调查、全面收集资料，没有遵循客观性原则。

材料分析题 2

阅读下面材料，回答问题：

陈老师是小班的班主任教师，期末，园长要对教师进行考核。方式是园长从该班级抽测几名孩子，内容是识字与算题。结果连续抽测了几名孩子，成绩都很不理想。于是，园长找陈老师谈话，认为陈老师没有把识字和算数作为重点教学任务来抓，不够爱岗敬业，师德考核不合格。园里决定将陈老师转岗为保育员。陈老师则认为，评价教师是否爱岗敬业，不能单靠幼儿的"学习"成绩，尤其是在小班，识字和算数不应该作为重点教学任务来抓。于是，陈老师宁可去做保育员老师，也不能违反幼儿年龄特点，在小班盲目教授识字和算术。

问题：请你从教师职业道德评价的原则入手，谈谈该园在评价陈老师是否爱岗敬业时，存在什么问题。

【答案要点】

（1）对教师的职业道德评价要贯彻科学性原则。评价者要以客观事实为基础，严格遵守评价科学和教育科学的客观规律，恰当地运用现代科学技术手段去设计评价标准、评价方法、处理评价结果。只有遵循科学的评价原则，才能得出科学的评价结果，这样的结果才有意义和价值。贯彻评价的科学性原则，要建立一个科学合理的评价指标体系。这样才能保证评价结果客观公正。

（2）在该案例中，这所幼儿园园长没有把握科学性原则，没有制定一个科学合理的评价指标体系，而简单地以幼儿的学习效果为标准评价教师的职业道德，显然不够科学合理。

材料分析题 3

阅读下面材料，回答问题：

某校的评教活动结束后，王老师获知学生对他的评价不高。学生认为他对待教学没有耐心、经常歧视成绩落后的学生，这使他恼羞成怒。当天放学后，王老师把全班同学都留了下来，情绪激动地批评了全班学生，并要求学生在下次评教时都填好评。

问题：请从教师职业道德评价的角度分析王老师的这一做法违背了教师职业道德评价的

哪项原则。

【答案要点】

（1）该案例中王老师的做法违背了教师职业道德评价的民主性原则。民主性原则是指教师职业道德评价要坚持走群众路线，要相信、尊重、依靠教育行政部门、学校领导、教职员工和社会各界，调动各方面的积极性，充分发扬民主，共同搞好教师职业道德评价工作。

（2）在该案例中，王老师不能认真贯彻和执行民主性原则，对于评价结果，他应该认真反思，而不是迁怒于学生，更不能硬性要求学生给予好评。

材料分析题 4

阅读下面材料，回答问题：

当前，由于社会处于转型的特殊时期，一些不良社会风气影响着学校、教师，使教师的职业道德出现了严重滑坡：注重抓学生的学习成绩，忽略了教学生做人；做家教成风；体罚与变相体罚学生；收受家长财物；甚至出现了像"范跑跑""杨不管"等师德败坏的教师。但有关部门在评价教师时，只从教师的教学效果进行评价，轻视教师的职业道德。这些现象，应当通过包括加强教师职业道德评价在内的工作尽快加以改变。

问题：联系案例，谈谈加强教师职业道德评价的主要内容。

【答案要点】

（1）案例中出现了一些教师职业道德滑坡的现象，这与教师职业道德评价片面化有关系。因此，教师职业道德评价内容要全面，既要重视教师业务水平的提高，也要重视教师的职业道德修养，形成生动、活泼、开放的教育氛围。

（2）教师职业道德评价主要内容包括：志存高远，爱国敬业；为人师表，教书育人；严谨笃学，与时俱进；热爱教育事业，热爱学生；积极上进，乐于奉献；公正诚恳，具有健康心态和团结合作的团队精神。

材料分析题 5

阅读下面材料，回答问题：

为改变对教师的评价方式，突出学生主体地位，真正体现以人为本的思想和课改要求，某校创造性地拟定评价方案和表格，让学生对教师的教育教学行为逐条审核，逐项打分，以此来判断教师的教学行为是否符合学生的实际和具体需求，称为"学生参与评价"。

问题：请从教师职业道德评价角度谈谈"学生参与评价"贯彻了哪项评价原则？

【答案要点】

（1）该案例中的"学生参与评价"贯彻了教师职业道德评价的民主性原则。民主性原则是指教师职业道德评价要坚持走群众路线，要相信、尊重、依靠教育行政部门、学校领导、教职员工和社会各界，调动各方面的积极性，充分发扬民主，共同搞好教师职业道德评价工作。

（2）作为教学主体的学生，有权评价甚至有权要求教师改正不恰当的言论或行为。而且，作为教育产品的直接消费者和教学成果的直接感受者，学生最了解教师的教学水平、工作态度，学生应该是最有发言权的评价者。因此，由学生评价老师教得好与差，是贯彻教师职业道德评价的民主性原则的体现。

模块四 文化常识

第一章

传统文化知识

单项选择题（每题只有一个正确答案，错选、多选或未选均无分）

1. 有"世界屋脊"之称的青藏高原，它的形成是由（　　）碰撞引起的。
   A. 太平洋板块和南美板块
   B. 印度板块和欧亚板块
   C. 太平洋板块和欧亚板块
   D. 印度板块和太平洋板块

   【答案】　B

   【解析】　青藏高原大约形成于5 000万年前，其成因是印度板块与欧亚板块相碰撞。故选B。

2. 正月十五元宵节是中华民族的传统节日，下列诗词中不是描绘元宵节的是（　　）。
   A. 月上柳梢头，人约黄昏后。
   B. 蓦然回首，那人却在灯火阑珊处。
   C. 遥知兄弟登高处，遍插茱萸少一人。
   D. 正怜火树千春妍，忽见清辉映月阑。

   【答案】　C

   【解析】　A句是宋代大文豪欧阳修在《生查子·元夕》中描写元宵夜情侣们相会的词句，B句出自南宋诗人辛弃疾的《青玉案·元夕》，这首词的上半阕写元宵之夜的盛况。D句出自清朝诗人唐顺之的《元夕影永冰灯》，这是一首写元宵佳节的诗。而C是唐代诗人王维的《九月九日忆山东兄弟》，以重阳节为背景。故选C。

3. 一年分为春夏秋冬四季，春以正月始。古孟、仲、季指代第一、第二、第三，所以在阴历中，又利用其给一年十二个月依次命名。以此推算，《宋史》"己卯，诏每岁以季秋亲祠明堂"中所写的"季秋"，应是中国古代阴历的（　　）。
   A. 八月　　　　　　　　　　B. 九月
   C. 十月　　　　　　　　　　D. 十一月

   【答案】　B

【解析】 古人按阴历（即农历）分一年为四季春夏秋冬，每季三个月，总共十二个月，用孟、仲、季引申表示每季月份的顺序，秋季排在第三的月份为九月，故选 B。

4. 农历五月初五为端午节，又称端阳节、五月节、艾节、夏节等，下列（ ）组词与这个节日有关。

  A. 灯笼、饺子、守岁、年兽   B. 月亮、月饼、团圆、嫦娥
  C. 菊花、九层糕、敬老、晋文公   D. 艾叶、粽子、龙舟、屈原

【答案】 D

【解析】 农历的五月初五，是我国民间传统的节日端午节，又叫端阳节和五月节。一般认为该节与纪念屈原有关，相传这一天是屈原投汨罗江的日子，于是人们以吃粽子、赛龙舟来悼念他。端午习俗有喝雄黄酒、挂香袋、吃粽子、插花和菖蒲、斗百草、驱"五毒"等习俗。故选 D。

5. 中国古代的科举考试制度中有"三元及第"的提法，这里的三元指的是（ ）。

  A. 秀才、举人、进士   B. 乡试、会试、殿试
  C. 解元、会元、状元   D. 状元、榜眼、探花

【答案】 C

【解析】 明清两代正式的科举考试分为三级：乡试、会试、殿试。科举考试中取得第一名为元。乡试第一名为解元，会试第一名为会元，殿试第一名为状元。如果在乡试、会试、殿试的考试中连续取得第一名，就是"连中三元"，又称"三元及第"。故选 C。

6. 在中国古代，名、字与号是有区别的：字是为了便于他人称谓，对平辈或尊辈称字出于礼貌和尊敬；号又叫别号、表号，一般只用于自称，以显示某种志趣或抒发某种情感，对人称号也是一种敬称。下列选项属于称"号"的是（ ）。

  A. 李太白   B. 杜子美
  C. 苏轼   D. 青莲居士

【答案】 D

【解析】 李白，字太白，号青莲居士，又号"谪仙人"。是唐代伟大的浪漫主义诗人，被后人誉为"诗仙"。故选 D。

7. 中国古人在划分二十四节气时充分考虑了季节、气候、物候等自然现象的变化，有利于指导农业生产。能够反映农作物成熟的节气是（ ）。

  A. 雨水、清明   B. 惊蛰、谷雨
  C. 小满、芒种   D. 白露、霜降

【答案】 C

【解析】 我国长期采用的一种便于农事的传统历法叫作农历。把一个太阳年分成二十四个节气，分列为在十二个月中，用来反映四季、气温、物候等情况。每个月有两个节气。二十四节气的名称和顺序为：正月（立春、雨水）、二月（惊蛰、春分）、三月（清明、谷雨）、四月（立夏、小满）、五月（芒种、夏至）、六月（小暑、大暑）、七月（立秋、处暑）、八月（白露、秋分）、九月（寒露、霜降）、十月（立冬、小雪）、十一月（大雪、冬至）、十二月（小寒、大寒）。其中小满指麦类等夏熟作物此时颗粒开始饱满，但未成熟。芒种指麦类等有芒作物已经成熟，可以收藏种子。故选 C。

8. 中国人的称呼是宗法、习俗、等级、地位、声望等的反映，尊长、后辈、上级、下

属各有各的一套称呼,谁也不能逾越。若对别人称呼自己的妹妹最恰当应为(   )。
 A. 令妹   B. 内仔
 C. 家姊   D. 舍妹
【答案】 D
【解析】 古人称自己一方的亲属朋友时,常用"家""舍"等谦词。"家"是对别人称比自己的辈分高或年纪大的亲属时用的谦词,如家父、家母、家兄等。"舍"用以谦称自己的家或自己的卑幼亲属,前者如寒舍、敝舍,后者如舍弟、舍妹、舍侄等。故选 D。

9. 我国许多城市都有别名,上海、成都、昆明的别名分别是(   )。
 A. 春城、申城、蓉城   B. 申城、春城、蓉城
 C. 申城、蓉城、春城   D. 申城、蓉城、花城
【答案】 C
【解析】 上海简称申,被称为"申城";成都被称为"蓉城";昆明四季长春,被称为"春城"。故选 C。

10. 中国有一个传统习俗,农历腊月二十三日或二十四要过"小年",通常人们要吃(   )。
 A. 元宵   B. 饴糖
 C. 腊八粥   D. 饺子
【答案】 B
【解析】 农历腊月二十三又称小年,是中国汉族传统文化中祭灶、扫尘、吃灶糖的日子。故选 B。

11. 中华民族的摇篮是(   )。
 A. 黑龙江流域   B. 松花江流域
 C. 黄河流域   D. 长江流域
【答案】 C
【解析】 中华民族,就是居住在中央的华夏民族。华夏民族简称华人。华夏民族的祖先是炎帝和黄帝,他们都生活在黄河中游一带,因此,黄河流域是中华民族的摇篮。故选 C。

12. 以下乐器中是苗族的传统乐器的是(   )。
 A. 提琴   B. 筝
 C. 腰鼓   D. 芦笙
【答案】 D
【解析】 苗族的传统乐器中管乐乐器有芦笙、芒筒、夜箫、姊妹箫、笛、唢呐等。弦乐乐器多为伴奏乐器,主要有二胡、古瓢琴、月琴等。打击乐器有铜鼓、木鼓和皮鼓等。故选 D。

13. 在中国名山中,五岳占有显著的位置,其中"中岳"指的是(   )。
 A. 嵩山   B. 泰山
 C. 华山   D. 恒山
【答案】 A
【解析】 在中国名山中,东岳泰山、西岳华山、中岳嵩山、北岳恒山、南岳衡山被称

为五岳。故选A。

14. 古稀之年是指（　　）岁。

A. 六十　　　　　　　　　B. 七十
C. 八十　　　　　　　　　D. 九十

【答案】　B

【解析】　人们统称60岁以上的人为耆年。较具体地说：60岁称为花甲之年、耳顺之年、还乡之年；70岁称为古稀之年、悬车之年、杖国之年；80、90岁称为朝杖之年、耄耋之年；100岁称为期颐之年。故选B。

15. 下面哪种剧是我国现存最古老的剧种？（　　）。

A. 京剧　　　　　　　　　B. 昆曲
C. 越剧　　　　　　　　　D. 黄梅戏

【答案】　B

【解析】　昆曲是我国最古老的剧种之一，发源于元末明初苏州昆山的曲唱艺术体系，糅合了唱念做打、舞蹈及武术的表演艺术，现在一般亦指代其舞台形式昆剧，素有"百戏之母"的雅称。故选B。

第二章

中外科技史

单项选择题（每题只有一个正确答案，错选、多选或未选均无分）

1. 下列人物中，发明活字印刷术的是（　　）。
A. 毕昇　　　　　　　　　　B. 哥白尼
C. 布鲁诺　　　　　　　　　D. 张衡

【答案】 A

【解析】 毕昇发明活字印刷术，哥白尼提出日心说，布鲁诺捍卫和发展了哥白尼的日心说，张衡发明地动仪。故选 A。

2. 被称为"医圣"的是（　　）。
A. 扁鹊　　　　　　　　　　B. 华佗
C. 张仲景　　　　　　　　　D. 李时珍

【答案】 C

【解析】 东汉末年的张仲景在《伤寒杂病论》中论述了望、闻、问、切四诊法，成为中医临床学的经典，被称为"医圣"。故选 C。

3. 据《东观汉记》载：公元 2 世纪初，蔡伦曾得到当时汉和帝的称赞，因为他（　　）。
A. 改进和推广造纸术　　　　B. 制成"麻沸散"
C. 写成《伤寒杂病论》　　　D. 印制《金刚经》

【答案】 A

【解析】 蔡伦的造纸术被列为中国古代"四大发明"，对人类文化的传播和世界文明的进步做出了杰出的贡献，千百年来备受人们的尊崇。被纸工奉为造纸鼻祖、"纸神"。故选 A。

4. 如果以"我国高科技领域的成就"为主题开展研究性学习，下列研究内容与主题不符的是（　　）。
A. 张衡制造"地动仪"　　　　B. "两弹"的成功研制
C. 东方红一号卫星发射成功　　D. 袁隆平培育成功籼型杂交水稻

【答案】 A

【解析】 本题考查的是我国高科技领域的成就。张衡制造"地动仪"不属于高科技领域的成就，故选 A。

5. 四川汶川大地震后，风云卫星拍摄到的震区图片为党中央、国务院制定抗震救灾决策提供了科学的依据，这主要得益于我国（　　）。

A. 克隆技术和航天技术的发展
B. 生物工程技术和计算机技术的发展
C. 航天技术和计算机技术的发展
D. 原子能技术和自动化技术的发展

【答案】 C

【解析】 本题考查的是航天技术领域与计算机领域发展的成就。风云卫星是中国的人造卫星，人造卫星是航天技术和计算机技术发展的表现。故选 C。

6. 在科技史上，牛顿缔造了工业革命的钥匙，瓦特拿着这把钥匙打开了工业革命的大门，牛顿和瓦特的贡献分别是（　　）。

A. 发现了电磁感应现象、创制内燃机
B. 发现万有引力定律、研制改良蒸汽机
C. 发明电灯、制造汽车
D. 发明电子计算机、完成人类基因组序列图谱

【答案】 B

【解析】 牛顿是伟大的物理学家、数学家。牛顿发现了万有引力。牛顿发现和制定了力学的三大定律。第一台有实用价值的蒸汽机是英国著名发明家瓦特于 1776 年制造。故选 B。

7. 我国古代有一位学者，被李约瑟誉为"中国科学制图学之父"，"完全可以和欧洲古代著名地理学家托勒密相提并论"。该学者是（　　）。

A. 裴秀　　　　　　　　　　　B. 郦道元
C. 沈括　　　　　　　　　　　D. 徐霞客

【答案】 A

【解析】 魏晋时期的地图学家裴秀（223—271），被誉为"中国科学制图学之父"。他绘制了 18 幅《禹贡地域图》，创立了中国最早的完整制图理论"制图六体"，为我国制图学奠定了科学基础。可以说，裴秀开创了我国古代地图绘制学。故选 A。

8. 诺曼·博洛格是"绿色革命"之父，他因为终身帮助克服全球饥荒而获得了 1970 年诺贝尔和平奖。在若干年后，中国也有一项成就被誉为"第二次绿色革命"。它是指（　　）。

A. 西北地区的退耕还林活动
B. 全国性的"青山绿水"行动
C. 籼型杂交水稻的培植成功与推广
D. 反战和平运动

【答案】 C

【解析】 本题主要考查对袁隆平与杂交水稻等考点的理解。故选 C。

9. 掌握载人航天技术的国家的先后顺序是（　　）。
   A. 苏联、中国、美国　　　　　　　B. 美国、苏联、中国
   C. 苏联、美国、中国　　　　　　　D. 中国、苏联、英国
   【答案】　C
   【解析】　本题考查的是航天技术领域知识。到目前为止只有俄罗斯、美国和中国独立掌握了载人航天技术。故选C。

10. 近代电磁学理论的创始人是（　　）。
    A. 奥斯特　　　　　　　　　　　　B. 法拉第
    C. 麦克斯韦　　　　　　　　　　　D. 洛伦兹
    【答案】　B
    【解析】　英国物理学家、化学家法拉第，是近代电磁学的奠基人，他提出了电磁感应学说，发现电场与磁场的联系，提出磁场力线的假说，发现了电解定律，推广了专业用语等。故选B。

11. 达尔文进化学说的核心是（　　）。
    A. 生存斗争　　　　　　　　　　　B. 适者生存
    C. 遗传和变异　　　　　　　　　　D. 自然选择
    【答案】　D
    【解析】　达尔文进化论是19世纪中叶，达尔文创立了科学的生物进化学说，以自然选择为核心，第一次对整个生物界的发生、发展，做出了唯物的、规律性的解释，推翻了神创论等唯心主义及形而上学在生物学中的统治地位，使生物学发生了一个革命变革。故选D。

12. 被尊称为近代科学之父的是（　　）。
    A. 牛顿　　　　　　　　　　　　　B. 哥白尼
    C. 伽利略　　　　　　　　　　　　D. 拉马克
    【答案】　C
    【解析】　伽利略，他以系统的实验和观察推翻了以亚里士多德为代表的、纯属思辨的传统的自然观，开创了以实验事实为根据并具有严密逻辑体系的近代科学。因此，他被称为"近代科学之父"，为牛顿的理论体系的建立奠定了基础。故选C。

13. 数字通信技术较之模拟通信技术具有许多优点，其中最重要的是（　　）。
    A. 数字信号是一种计算机语言，从而可以充分发挥计算机对数字信号的处理功能
    B. 抗干扰能力强
    C. 传输速度快
    D. 保密性好
    【答案】　A
    【解析】　数字通信是一种用数字信号作为载体来传输信息的通信方式。数字通信可以传输电报、数据等数字信号，也可传输经过数字化处理的语音和图像等模拟信号。故选A。

14. 发明青霉素的是（　　）。
    A. 英国的布朗　　　　　　　　　　B. 英国的弗莱明
    C. 法国的巴士德　　　　　　　　　D. 奥地利的孟德尔
    【答案】　B

【解析】 1928年,英国细菌学家亚历山大·弗莱明发现青霉菌能分泌一种物质杀死细菌,他将这种物质命名为"青霉素"。故选B。

15. 《几何原本》的作者是(　　)。

A. 笛卡儿　　　　　　　　　　B. 阿基米德

C. 伽利略　　　　　　　　　　D. 欧几里得

【答案】 D

【解析】 《几何原本》是古希腊数学家欧几里得的一部不朽之作,集整个古希腊数学成果和精神于一书。既是数学巨著,也是哲学巨著,并且第一次完成了人类对空间的认识。故选D。

第三章

中国文学常识

单项选择题（每题只有一个正确答案，错选、多选或未选均无分）

1. "问世间，情为何物，直教生死相许"语出（　　）。
   A. 元好问　　　　　　　　　　B. 李清照
   C. 金庸　　　　　　　　　　　D. 李商隐
   【答案】A
   【解析】"问世间，情为何物，直教生死相许"两句词出自金、元之际著名文学家元好问的《摸鱼儿·雁丘词》一词中。故选A。

2. 《西厢记》的作者是（　　）。
   A. 白朴　　　　　　　　　　　B. 马致远
   C. 王实甫　　　　　　　　　　D. 关汉卿
   【答案】C
   【解析】王实甫（约1260—1336年），名德信，大都（今北京市）人，祖籍河北省保定市定兴（今定兴县）。元代著名戏曲作家，杂剧《西厢记》的作者。故选C。

3. "诗中有画，画中有诗"是对（　　）的评价。
   A. 王维　　　　　　　　　　　B. 孟浩然
   C. 苏轼　　　　　　　　　　　D. 黄庭坚
   【答案】A
   【解析】王维，唐朝河东蒲州（今山西运城）人，祖籍山西祁县，唐朝著名诗人、画家，字摩诘，号摩诘居士。王维参禅悟理，学庄信道，精通诗、书、画、音乐等，以诗名盛于开元、天宝间，尤长五言，多咏山水田园，与孟浩然合称"王孟"，有"诗佛"之称。书画特臻其妙，后人推其为南宗山水画之祖。苏轼评价其："味摩诘之诗，诗中有画；观摩诘之画，画中有诗。"存诗400余首，代表诗作有《相思》《山居秋暝》等。著作有《王右丞集》《画学秘诀》。故选A。

4. 《史记》是中国第一部（　　）。
   A. 纪传体通史　　　　　　　　B. 编年史

C. 国别史　　　　　　　　　　D. 编年体通史

【答案】 A

【解析】 《史记》是西汉著名史学家司马迁撰写的一部纪传体史书，是中国历史上第一部纪传体通史，被列为"二十四史"之首，记载了上至上古传说中的黄帝时代，下至汉武帝元狩元年间共3 000多年的历史。故选A。

5. "文武二圣"指的是（　　）。
   A. 孔子、曹操　　　　　　　B. 老子、关羽
   C. 孔子、刘备　　　　　　　D. 孔子、关羽

【答案】 D

【解析】 文圣孔子。孔子（前551—前479）名丘，字仲尼。春秋后期伟大的思想家、教育家，儒家的创始人。武圣关羽。关羽，字云长，东汉末期蜀汉大将，重义气，精武艺，后人称其为"关圣""关帝"。故选D。

6. 被誉为"中国的莎士比亚"的古代戏剧大家是（　　）。
   A. 关汉卿　　　　　　　　　B. 孔尚任
   C. 汤显祖　　　　　　　　　D. 王实甫

【答案】 C

【解析】 汤显祖（1550—1616），中国明代戏曲家、文学家。字义仍，号海若、若士、清远道人。汉族，江西临川人。在戏曲创作方面，反对拟古和拘泥于格律。作有传奇《牡丹亭》《邯郸记》《南柯记》《紫钗记》，合称《玉茗堂四梦》，以《牡丹亭》最著名。在戏曲史上，和关汉卿、王实甫齐名，在中国乃至世界文学史上都有着重要的地位，被誉为"东方的莎士比亚"。故选C。

7. 成语"掷果盈车"与哪个作家有关（　　）
   A. 秦观　　　　　　　　　　B. 潘岳
   C. 曹植　　　　　　　　　　D. 苏轼

【答案】 B

【解析】 潘岳，字安仁，又称潘安，西晋的大文学家。南宋的刘义庆在《世说新语·容止》中："潘岳妙有姿容，好神情。"刘孝标注引《语林》："安仁至美，每行，老妪以果掷之满车。"故选B。

8. 哪部儒家经典被为群经之首（　　）。
   A.《诗经》　　　　　　　　 B.《尚书》
   C.《礼经》　　　　　　　　 D.《易经》

【答案】 D

【解析】 《易经》是中国最古老的文献之一，是我国一部最古老而深邃的经典，被儒家尊为"五经"之首，是华夏五千年智慧与文化的结晶，被誉为"群经之首，大道之源"。故选D。

9. 《红楼梦》中大观园中的"潇湘馆"是谁在居住？（　　）
   A. 黛玉　　　　　　　　　　B. 宝钗
   C. 湘云　　　　　　　　　　D. 探春

【答案】 A

【解析】 本题考查小说《红楼梦》内容。潇湘馆,小说《红楼梦》描述的大观园中的一景,位于大观园西路,与怡红院遥遥相对,为林黛玉的住所。故选 A。

10. "一门三父子,都是大文豪。诗赋传千古,峨眉共比高。"这首诗中的"三父子",指的是( )。
  A. 曹操、曹丕、曹植
  B. 苏洵、苏轼、苏辙
  C. 班彪、班固、班超
  D. 杜甫、杜牧、杜荀鹤
【答案】 B
【解析】 "三父子"指北宋散文家苏洵(号老泉,字明允)和他的儿子苏轼、苏辙。宋仁宗嘉定初年,苏洵和苏轼、苏辙父子三人都到了东京(今河南开封市)。由于欧阳修的赏识和推誉,他们的文章很快闻名于世。士大夫争相传诵,一时学者竞相仿效。苏氏父子积极参加和推进了欧阳修倡导的古文运动,他们在散文创作上都取得了很高的成就,后来俱被列入"唐宋八大家"。故选 B。

11. 在古代出现"百家争鸣"的局面是出现在( )。
  A. 西周时期   B. 春秋战国时期
  C. 汉代   D. 秦代
【答案】 B
【解析】 百家争鸣是指春秋(公元前770—公元前476年)战国(公元前475—公元前221年)时期,知识分子中不同学派涌现及各流派争芳斗艳的局面。故选 B。

12. "四书"中不包括( )。
  A.《大学》   B.《尚书》
  C.《孟子》   D.《中庸》
【答案】 B
【解析】 "四书"指《大学》《中庸》《论语》《孟子》四部儒家经典。故选 B。

13. 在中国现代文坛上,下列作家中作品以诗歌为主是( )。
  A. 郭沫若   B. 艾青
  C. 郁达夫   D. 朱自清
【答案】 B
【解析】 艾青(1910年3月27日—1996年5月5日),原名蒋正涵,号海澄,曾用笔名莪加、克阿、林壁等,浙江省金华人。中国现代诗人,作品以诗歌为主,被认为是中国现代诗的代表诗人之一。故选 B。

14. 魏晋时期,有著名的"竹林七贤",《与山巨源绝交书》是"竹林七贤"中的( )写给山涛的。
  A. 阮籍   B. 嵇康
  C. 刘伶   D. 向秀
【答案】 B
【解析】《与山巨源绝交书》,是三国时期"竹林七贤"之一的嵇康写给朋友山涛(字巨源)的一封信,也是一篇名传千古的著名散文。这封信是嵇康听到山涛在由选曹郎调任大将军从事中郎时，想荐举他代其原职的消息后写的。故选 B。

15. 《漂流三部曲》的作者是（　　）。
A. 蒋光慈　　　　　　　　　　B. 巴金
C. 茅盾　　　　　　　　　　　D. 郭沫若

【答案】　D

【解析】　郭沫若的《漂流三部曲》包括《歧路》《炼狱》和《十字架》，是三个带有连续性的短篇。故选 D。

第四章

世界文学常识

单项选择题（每题只有一个正确答案，错选、多选或未选均无分）

1. 古代欧洲文学中最早的系统描述宇宙起源和神的诞生的作品是（　　）。
   A. 《荷马史诗》　　　　　　　　B. 《神谱》
   C. 《变形记》　　　　　　　　　D. 《理想国》
   【答案】　B
   【解析】　《神谱》描写的是宇宙和神的诞生，作者为赫西俄德，古希腊诗人。内容讲述从地神盖亚诞生一直到奥林匹亚诸神统治世界这段时间的历史。内容大部分是神之间的争斗和权利的更替。故选B。

2. 被称为"戏剧艺术中的荷马"的悲剧诗人是（　　）。
   A. 埃斯库罗斯　　　　　　　　　B. 塞内加
   C. 欧里庇得斯　　　　　　　　　D. 索福克勒斯
   【答案】　D
   【解析】　索福克勒斯，雅典三大悲剧作家之一，被称为"戏剧艺术中的荷马"。在长达70年的创作生涯中，他共写了123部悲剧和滑稽剧。但其作品流传至今的只有7部，即《埃阿斯》《俄狄浦斯王》《安提戈涅》《厄勒克特拉》《特拉喀斯少女》《菲罗克忒忒斯》和《俄狄浦斯在科罗诺斯》。其中，《安提戈涅》和《俄狄浦斯王》最能反映索福克勒斯的创作才能。故选D。

3. 被亚里士多德赞为"十全十美的悲剧"是（　　）。
   A. 《美狄亚》　　　　　　　　　B. 《俄狄浦斯王》
   C. 《被缚的普罗米修斯》　　　　D. 《特洛亚妇女》
   【答案】　B
   【解析】　《俄狄浦斯王》是古希腊索福克勒斯的戏剧代表作之一，是古希腊悲剧的典范作品。亚里士多德高度评价《俄狄浦斯王》的结构，赞其为"十全十美的悲剧"，把它视为古希腊悲剧的典范。故选B。

4. 欧洲最早的一部社会心理小说是（　　）。

A. 维吉尔的《埃涅阿斯纪》　　　　　　B. 奥维德的《变形记》
C. 阿普列尤斯的《金驴记》　　　　　　D. 荷马的《奥德修纪》

【答案】　C

【解析】　《金驴记》是现存的欧洲古代神怪文学中最重要的一部，被誉为世界文学史上第一部社会心理小说，真实地反映了2世纪罗马帝国外省的民俗风情和社会文化心态。故选C。

5. 中世纪城市文学最发达的国家是（　　）。
A. 英国　　　　　　　　　　　　　　　B. 意大利
C. 德国　　　　　　　　　　　　　　　D. 法国

【答案】　D

【解析】　本题考查中世纪文学史。中世纪法国是西欧城市发展最早的国家之一，城市文学最发达。故选D。

6. 莎士比亚著名的四大悲剧是（　　）。
A. 《哈姆雷特》《奥赛罗》《李尔王》《雅典的泰门》
B. 《哈姆雷特》《奥赛罗》《麦克白》《雅典的泰门》
C. 《哈姆雷特》《麦克白》《李尔王》《雅典的泰门》
D. 《哈姆雷特》《奥赛罗》《李尔王》《麦克白》

【答案】　D

【解析】　欧洲文艺复兴时期最杰出的戏剧家和诗人莎士比亚（1654—1616），其主要著作有历史剧《亨利四世》、喜剧《仲夏夜之梦》《威尼斯商人》、四大悲剧《哈姆雷特》《奥赛罗》《李尔王》《麦克白》、悲喜剧《罗密欧与朱丽叶》。故选D。

7. 古典主义悲剧的创始人是（　　）。
A. 弗朗索瓦　　　　　　　　　　　　　B. 让·拉辛
C. 皮埃尔·高乃依　　　　　　　　　　D. 让·德·拉封丹

【答案】　C

【解析】　皮埃尔·高乃依（1606—1684）是古典主义悲剧的创始人。他的剧本题材和内容崇高庄严，他主张悲剧要写"著名的、非同寻常的、严峻的情节"。故选C。

8. 莫里哀剧作中以仆人的智慧揭露和嘲讽贵族等上层人物的著名剧本是（　　）。
A. 《可笑的女才子》《伪君子》《史嘉本的诡计》
B. 《可笑的女才子》《贵人迷》《唐·璜》
C. 《恨世者》《太太学堂》《伪君子》
D. 《伪君子》《可笑的女才子》《贵人迷》

【答案】　A

【解析】　莫里哀是法国17世纪古典主义文学最重要的作家，古典主义喜剧的创建者，在欧洲戏剧史上占有十分重要的地位。剧作中以仆人的智慧揭露和嘲讽贵族等上层人物的著名剧本有《可笑的女才子》《伪君子》《史嘉本的诡计》。故选A。

9. 英国感伤主义文学的代表作家是（　　）。
A. 斯威夫特　　　　　　　　　　　　　B. 理查生
C. 菲尔丁　　　　　　　　　　　　　　D. 斯泰恩

【答案】 D

【解析】 感伤主义是18世纪后期欧洲资产阶级启蒙运动中出现的文学思潮。因英国作家斯泰恩的小说《在法国和意大利的感伤旅行》而得名。又称主情主义。因排斥理性，崇尚感情，也称前浪漫主义。故选D。

10. 法国"百科全书派"的创始人是（　　）。
A. 孟德斯鸠　　　　　　　　B. 伏尔泰
C. 狄德罗　　　　　　　　　D. 卢梭

【答案】 C

【解析】 18世纪中后期，160多位当时法国著名的思想家和科学家编撰了一部《百科全书》，此书由狄德罗主持编写，宣扬科学和理性，反对迷信和专制，这些人被称为百科全书派。他们人数众多，影响极大，是法国启蒙运动的重要力量。故选C。

11. 法国自然主义文学创作上的典型代表是（　　）。
A. 左拉　　　　　　　　　　B. 大仲马
C. 龚古尔兄弟　　　　　　　D. 福楼拜

【答案】 A

【解析】 爱弥尔·左拉（1840—1902年），法国著名自然主义小说家和理论家，自然主义文学流派创始人与领袖。19世纪后半期法国重要的批判现实主义作家，其自然主义文学理论，被视为19世纪批判现实主义文学遗产的组成部分。故选A。

12. 莫泊桑以普法战争为题材的作品是（　　）。
A. 《项链》　　　　　　　　B. 《归来》
C. 《羊脂球》　　　　　　　D. 《瞎子》

【答案】 C

【解析】 《羊脂球》是有"短篇小说大师"之称的法国作家莫泊桑先生创作的小说。《羊脂球》是他的成名作，也是他的代表作之一。故事以普法战争为题材，通过羊脂球的悲惨遭遇反衬了资本主义下的丑恶肮脏的灵魂。故选C。

13. 《哈克贝利·费恩历险记》中要求自由的黑人形象是（　　）。
A. 哈克　　　　　　　　　　B. 吉姆
C. 汤姆　　　　　　　　　　D. 乔治

【答案】 B

【解析】 《哈克贝利·费恩历险记》作者是马克·吐温。内容讲述哈克贝利是一个聪明、善良、勇敢的白人少年。他为了追求自由的生活，在逃亡途中，遇到了黑奴吉姆。吉姆是一个勤劳朴实、热情诚实、忠心耿耿的黑奴，他为了逃脱被主人再次卖掉的命运，从主人家中出逃。两人成了好朋友。哈克贝利为了吉姆的自由，历尽千辛万苦，最后得知，吉姆的主人已在遗嘱里解放了他。故选B。

14. 最先在美国提倡现实主义的作家是（　　）。
A. 斯托夫人　　　　　　　　B. 马克·吐温
C. 豪威尔斯　　　　　　　　D. 杰克·伦敦

【答案】 C

【解析】 豪威尔斯（1837—1920年）小说家、文学批评家，是19世纪后半叶代表性的作家，享有"现实主义文学奠基人"之美誉，为现实主义文学提出了一系列的理论原则和指导方针。故选 C。

15. 以拉宾的死为内容的契诃夫的小说是（　　）。
　　A.《第六病室》　　　　　　　　B.《跳来跳去的女人》
　　C.《装在套子里的人》　　　　　D.《小公务员之死》

【答案】　A

【解析】《第六病室》这部严峻深沉、震撼人心的小说无疑是作家契诃夫一生所写的最富反抗精神的作品之一，它揭露了沙皇俄国像监狱一般阴森可怕，批判了勿以暴力抗恶的主张。故选 A。

第五章

儿童文学常识

单项选择题（每题只有一个正确答案，错选、多选或未选均无分）

1. 举世闻名的印度寓言故事集（　　）被认为是儿童喜爱的最早读物。
   A.《五卷书》　　　　　　　　　　B.《印度寓言》
   C.《新月集》　　　　　　　　　　D.《伊索寓言》

   【答案】　A

   【解析】　《五卷书》是由一千左右诗节组成的故事集。它源于民间的口头创作，是为宫廷孩子阅读而采编的。它是在古印度人民创作的寓言、童话的基础上经过不断删减、改写而汇成的一部巨著，能给儿童以深刻的启迪。故选 A。

2. 阿拉伯民间故事集（　　）是民间文学的一座丰碑，其中许多篇章如《渔夫的故事》《三个苹果的故事》《阿里巴巴和四十大盗》等至今仍是畅销的儿童读物。
   A.《列那狐的故事》　　　　　　　B.《一千零一夜》
   C.《爱弥尔》　　　　　　　　　　D.《桑德福和莫顿》

   【答案】　B

   【解析】　《一千零一夜》是阿拉伯民间故事集。中国又译《天方夜谭》。《一千零一夜》的书名，出自这部故事集的引子。《一千零一夜》的故事，很早就在阿拉伯地区的民间口头流传。故选 B。

3. 1697 年，法国的夏尔·贝洛将他改写的八篇散文童话和三首童话诗汇集出版，题为（　　）。
   A.《鹅妈妈的故事》　　　　　　　B.《挂起来的人》
   C.《赫尔索格》　　　　　　　　　D.《受害者》

   【答案】　A

   【解析】　夏尔·贝洛是世界上第一个改写民间童话的作家，在保留了民间口头创作的情节的基础上，运用童话的形式来叙述故事，他出版的童话诗集是《鹅妈妈的故事》。故选 A。

4. 1637 年，捷克教育家夸美纽斯发表了（　　），又译为《图画中见到的世界》，这是世界第一部幼儿百科全书，也是世界最早的儿童图画书。

A.《大教学论》　　　　　　　　B.《母育学校》
C.《语言和科学入门》　　　　　D.《世界图解》

【答案】　D

【解析】　夸美纽斯发表的《世界图解》是世界第一部幼儿百科全书，也是世界最早的儿童图画书。作者用图画将世界上的各种事物、现象表现出来。它的出现，说明人们已经认识到儿童读物要区别成人读物，应有其特殊的规律。故选 D。

5. 世界童话大师、丹麦儿童文学巨匠（　　）一生共创作一百六十八篇童话，被誉为"世界童话大师"。

A. 卢梭　　　　　　　　　　　B. 安徒生
C. 托马斯　　　　　　　　　　D. 笛福

【答案】　B

【解析】　誉为"世界童话大师"的是丹麦儿童文学巨匠安徒生，一生共创作一百六十八篇童话，安徒生开创了作家创作童话的先河。故选 B。

6. 德国的（　　）是 19 世纪最早为儿童改写童话的作家，他们搜集整理的《儿童和家庭童话集》是世界儿童文学宝库中的瑰宝。

A. 格林兄弟　　　　　　　　　B. 克雷洛夫
C. 金斯莱　　　　　　　　　　D. 王尔德

【答案】　A

【解析】　19 世纪德国的格林兄弟是最早为儿童改写童话的作家。故选 A。

7. 被誉为"科学幻想之父"的是法国作家（　　）。

A. 马克·吐温　　　　　　　　B. 儒勒·凡尔纳
C. 普希金　　　　　　　　　　D. 格林伍德

【答案】　B

【解析】　儒勒·凡尔纳（1828—1905），是 19 世纪法国著名小说家、剧作家及诗人。凡尔纳一生创作了大量优秀的文学作品，以《在已知和未知的世界中的奇异旅行》为总名，代表作为三部曲《格兰特船长的儿女》《海底两万里》《神秘岛》以及《气球上的五星期》《地心游记》等。他的作品对科幻文学流派有着重要的影响，被人称作"科幻小说之父"。故选 B。

8. 20 世纪初，瑞典出现了一位女作家拉格勒夫，（　　）是她唯一一篇为孩子们写的长篇童话，也是使她获得 1909 年诺贝尔文学奖殊荣的作品。

A.《尼尔斯骑鹅旅行记》　　　　B.《王与后们》
C.《时代广场的蟋蟀》　　　　　D.《小老鼠斯图亚特》

【答案】　A

【解析】　塞尔玛·拉格勒夫（1858—1940），女性，瑞典人。1909 年凭借《尼尔斯骑鹅旅行记》获得诺贝尔文学奖，她是瑞典第一位得到这一荣誉的作家，也是世界上第一位获得这一文学奖的女性。故选 A。

9. 进入 20 世纪最后二十几年及 21 世纪初，（　　）的儿童文学创作更是成就斐然，可以说引领了世界儿童文学的发展潮流。

A. 法国 B. 英国
C. 日本 D. 意大利

【答案】 C

【解析】 日本儿童文学的繁荣期始于20世纪50年代末60年代初，20世纪最后二十几年及21世纪初，可以说引领了世界儿童文学的发展潮流。故选C。

10. (　　) 是适合婴幼儿听赏念唱、形体短小的歌谣。它是婴幼儿最早接触、最易接受的一种文学样式。

A. 幼儿诗 B. 童话
C. 故事 D. 儿歌

【答案】 D

【解析】 儿歌是适合婴幼儿听赏念唱、形体短小的歌谣。被誉为"婴幼儿专用的精神食粮"。故选D。

11. (　　) 在1923年出版的《稻草人》是我国第一部作家童话集，"给中国的童话开辟了一条自己创作的路"（鲁迅语），标志着中国现代童话的产生。

A. 叶圣陶 B. 郑振铎
C. 严文井 D. 金近

【答案】 A

【解析】 叶圣陶创作的童话集《稻草人》是我国第一部作家创作的童话集，为我国现代儿童文学奠定了基础。故选A。

12. "五四"新文化运动时期，冰心为《晨报副镌》写的系列散文(　　) 开中国婴幼儿散文之先河。

A.《雨》 B.《纸船》
C.《一只小鸟》 D.《寄小读者》

【答案】 D

【解析】 冰心为《晨报副镌》写的系列散文《寄小读者》，开中国婴幼儿散文之先河，奠定了她在儿童散文史上的开拓者地位。故选D。

13. (　　) 又称拗口令、急口令。它是利用一些读音相近的字词造成语音拗口的儿歌。

A. 游戏歌 B. 问答歌
C. 绕口令 D. 数数歌

【答案】 C

【解析】 绕口令由于语音拗口，却又要求清晰、正确、快速、流畅地念出来，能引起婴幼儿的兴趣。故选C。

14. 童话的基本特征是(　　)。

A. 怪诞 B. 象征
C. 幻想 D. 拟人

【答案】 C

【解析】 童话的基本特征是幻想。童话的幻想特征是和现实生活中的孩子们的特殊的心理、情感内容和思维方式协调一致的。故选C。

15. 因创造了"长袜子皮皮"的形象而一举成名的作家是（ ）。
A. 乔治·桑　　　　　　　　　　B. 拉格勒夫
C. 林格伦　　　　　　　　　　　D. 米尔恩

【答案】　C

【解析】　林格伦的童话《穿长袜子的皮皮》使得她蜚声瑞典，继而蜚声欧洲以至全世界。代表作还有《小飞人卡尔松》《米欧，我的米欧》《狮心兄弟》《绿林女儿》《淘气包埃米尔》等，她共为孩子们写了87部文学作品。故选C。

模块五 基本能力

一、阅读能力

阅读题一

张家界
卞毓方

张家界绝对有资格问鼎诺贝尔文学奖，假如有人把她的大美翻译成人类通用的语言。鬼斧神工，天机独运。别处的山，都是亲亲热热地手拉着手，臂挽着臂，唯有张家界，是彼此保持头角峥嵘的独立，谁也不待见谁。别处的峰，是再陡再险也能踩在脚下，唯有张家界，以她的危崖峭壁，拒绝从猿到人的一切趾印。每柱岩峰，都青筋裸露、血性十足地直插霄汉。而峰巅的每处缝隙，每尺瘠土，又必定有苍松，或翠柏，亭亭如盖地笑傲尘寰。银崖翠冠，站远了看，犹如放大的苏州盆景。曲壑蟠涧，更增添无限空蒙幽翠。风吹过，一啸百吟；云漫开，万千气韵。

刚见面，张家界就责问我为何姗姗来迟。说来惭愧，二十六年前，我本来有机会一睹她的芳颜，只要往前再迈出半步。那是为了一项农村调查，我辗转来到了她附近的地面。虽说只是外围，已尽显其超尘拔俗的风姿。一眼望去，峰与峰，似乎都长有眉眼，云与云，仿佛都识得人情，就连坡地的一丛绿竹，罅缝的一蓬虎耳草，都别有其一种爽肌漆骨的清新和似曾照面的熟悉。是晚，我歇宿于山脚的苗寨。客栈贴近寨口，推窗即为古道，道边婆娑着白杨，杨树的背后喧哗着一条小溪，溪的对岸为骈立的峰峦。山高雾大，满世界一片漆黑。我不习惯这黑，翻来覆去睡不着，于是披衣出门，徘徊在小溪边，听上流的轰轰飞瀑。听得兴发，索性循水声寻去。拐过山嘴，飞瀑仍不见踪迹，却见若干男女围着篝火歌舞。火堆初燃之际，一半是火焰，一半是树枝。燃到中途，树枝通体赤红，状若火之骨。再后来，又变作熔化的珊瑚，令人想到火之精，火之灵。自始至终，场地上方火苗四蹿，火星噼噼啪啪地飞舞，好一派火树银花。猛抬头，瞥见夜空山影如魅，森森然似欲探手攫人，"啊——"，一声长惊，恍悟我们常说的"魅力"之"魅"，原来还有如此令人魂悸魄悚的背景。

从此，我心里就有了一处灵性的山野。且摘一片枫叶为书签，拣一粒卵石作镇纸，留得这红尘之外的秋波，伴我闯荡茫茫前程。犹记前年拜会画家吴冠中，听他老先生叙述七十年代末去湖南大庸写生，如何无意中撞进张家界林场，又如何发现了漫山诡锦秀绣。欣羡之余，也聊存一丝自慰，因为，我毕竟早他四五年就遥感过张家界，窃得她漏泄的吉光片羽。

是日，当我乘缆车登上黄狮寨的峰顶，沐着蒙蒙细雨，凝望位于远方山脊的一处村落，云拂翠涌，忽隐忽现，亦幻亦真，恍若蜃楼，想象它实为张家界内涵的一个短篇。不过，仅这一个短篇表现力就足够惊人，倘要勉强译成文学语言，怕不是浅薄如我者所能企及。天机贵在心照，审美总讲究保持一定的距离，你能拿酒瓶盛装月白，拿油彩捕捉风清？客观一经把握，势必失去部分本真。当然不是说就束手无为，今日既然有缘，嘿，为什么不鼓起勇气试它一试。好，且再随我锁定右侧那一柱倒金字塔状的岩峰，它一反常规地拔地而起，旁若无人地翘首天外，乍读，犹如一篇激扬青云的散文，再读，又仿佛一集浩气淋漓的史诗，反复吟味，更不啻一部沧海桑田的造化史——为这片历经情劫的奇山幻水立碑。

问题：

1. 文章开头说："张家界绝对有资格问鼎诺贝尔文学奖，假如有人把她的大美翻译成人类通用的语言。"阅读全文请你解释这句话的含义。

2. 张家界是大自然"鬼斧神工，天机独运"的创造，从第二段看，张家界的山水在哪几个方面与众不同？

【答案要点】

1. 得到诺贝尔文学奖的应该是国际上最好的文学作品，"张家界绝对有资格问鼎诺贝尔文学奖"，因为它是世界上最美的山水风景。

2. 有三个方面：第一，山峰的形态；第二，峰顶的松柏；第三，山壑山洞的气象。

阅读题二

菊 花

俗云："赏菊之趣在于赏花。"菊花的颜色五彩缤纷，以黄、红、白、紫为主。黄的如"黄昏弄月"，金光灿烂，华贵雍容；红的像"金背大红"，绚丽夺目，热情奔放；白的有"白西施"，淡妆素裹，清洁怡雅；紫的是"紫玉莲"，苍劲有力，凝重浑厚。还有一种叫"绿牡丹"的，花呈绿色，青翠欲滴，恰似碧玉，煞是名贵。另有"墨荷"的黑紫堪称花中一绝；更有那"碧玉勾盆"，粉碧兼备，娇而不艳；"凤凰振羽"，红黄相间，娇娆多姿。各种颜色，应有尽有，令人眼花缭乱，目不暇接。

菊花的花形也是千姿百态，风貌迥异。这是由于花瓣的千姿百态所致。瓣分挂瓣、匙瓣、平瓣、管瓣四种。每一种又有内曲、反卷、龙爪、毛刺等形态。各种花瓣以一定规律进行组合，形成一种保持机体均衡、疏密相间的参差美，并由此构成了龙、凤、狮、虎四种栩栩如生的优美造型：龙类若舞若飞，潇洒俊逸，花儿内部短瓣紧抱，外部长瓣飘洒，像"龙盘蛇舞"；凤类亭亭玉立，婀娜多姿，花儿内部花瓣疏松或紧密内抱，外部花瓣自然下垂，如"天女散花"；狮类威武雄壮，魁伟挺秀，花儿大部分为匙状花瓣，且长短不一，相互重叠，排列参差，变化多姿，如"醒狮图"；虎类则刚劲沉稳，充盈丰满，舌状花瓣回心而抱，呈层瓦复叠状，似虎爪捕食，如虎啸长天。

菊花不仅娇艳多姿，而且用途广泛。不仅它的花序是一味名贵中药材，其嫩茎、叶、根亦可供药用。此外，还能做成各种精美的佳馔，如菊花肉、菊花羹、菊花酒、菊花糖等。这些菊花食品不仅香味俱佳，而且营养丰富。再者，杭菊还是驰名中外的清凉茶饲料。至于那自古就有"虫见愁"之称的除虫菊，则是效力极高的天然杀虫剂。菊花还有保护环境、净化大气的奇异功能，被人们赞为"空气的卫士"。

菊花既有很高的观赏价值，又有广泛的实用价值，确是一种值得大力发展的珍贵花卉。

阅读全文，请你写出每个自然段所说明的主要内容。并具体指出第三自然段是怎样说明菊花的。

【答案要点】

第一段主要写菊花的颜色是五彩缤纷；

第二段主要写菊花的花形是千姿百态；

第三段主要写菊花的用途非常广泛；主要采取了举例子、打比方的说明方法，分别从菊花的药用、食用、作饮料、制杀虫剂、净化空气等方面说明菊花的实用价值。

第四段主要是总结全文。

阅读题三

国家大剧院

国家大剧院外观像一个倒扣的半边蛋壳，壳体表面由2万多块钛金属板和1 200多块超白透明玻璃组成，营造出舞台帷幕徐徐拉开的视觉效果。每当夜幕降临，壳体表面上星星点点、错落有致的"蘑菇灯"，如同扑朔迷离的点点繁星，与远处的夜空遥相呼应，使大剧院呈现出一种含蓄而别致的韵味与美感。

从紧邻长安街的北入口步入大剧院，进门后，便是长达80米的水下廊道。廊道顶部全部采用玻璃天花板，上方的湖水波光粼粼，层层涟漪可以投影在地板和墙壁上，与墙上疏密有致的气泡形装饰相映成趣，让身在其中的人们仿佛徜徉在一个亦真亦幻的"未来水世界"。

过了水下廊道，就走进了橄榄厅。橄榄厅因其空间形状酷似一颗橄榄而得名。两扇大门凝重典雅，其上各有180个椭圆形凸起，既是中国古老门钉的变形演化，又是现代设计的点缀艺术。

再往内走，就到了目前堪称全球剧场之最的开阔空间——公共大厅。大厅拥有国内跨度最大的穹顶，可以将整个北京工人体育馆笼罩其中。穹顶由名贵稀有的巴西红木拼装而成，明朗大气的深红色调暗含中国传统审美意趣。

穿过大厅，终于看到了国家大剧院的主建筑——歌剧院、音乐厅和戏剧场，三者功能不同，主色调和建筑风格也不尽相同。

歌剧院古朴的铜门向两侧缓缓打开，一道"竹帘"从三层楼的高处垂直而下，隐隐透出淡黄色。近看，"竹帘"竟是极细的金属管编成的，时隐时现的黄色其实是纬线的颜色。这给歌剧院披上了一层朦胧而神秘的面纱。

音乐厅的银灰色调从厅的外墙一直延续到室内，灯光打在沙丘般凹凸起伏的墙面上，光影交错，墙体的柔和感与天花板的壮丽雕塑感形成强烈对比，使音乐厅显得清新而高雅。

上演京剧和话剧的戏剧场虽然不算大，但场内墙壁上的紫色、暗红、橘色、黄色的竖条纹规则相见，使戏剧场显示出沉静中见跳跃的美感。出人意料的是，这些壁纸竟是由浙江丝绸经过防火处理后织成的。

信步国家大剧院，你会看到处处都是传统与现代的完美结合，处处都洋溢着科技与艺术的浓郁气息。在不知不觉间，你的情绪就会被带向另一个故事场景……

1. 仔细阅读全文，体会文章说明了国家大剧院具有怎样的特点？请你用文中原话回答。
2. 请从文中提取相关短语，概括"歌剧院""音乐厅""戏剧场"各自的主要建筑风格。

"歌剧院"的主要建筑风格是：_____。
"音乐厅"的主要建筑风格是：_____。
"戏剧场"的主要建筑风格是：_____。

【答案要点】

国家大剧院，处处都是传统与现代的完美结合，处处都洋溢着科技与艺术的浓郁气息。"歌剧院""音乐厅""戏剧场"各自的主要建筑风格依次是：朦胧而神秘、清新而高雅、沉静中见跳跃。

阅读题四

洗　澡

王安忆

行李房前的马路上没有一棵树，太阳就这样直晒下来。他已经将八大包书捆上了自行车，自行车再也动不了了。那小伙子早已注意他了，很有信心地骑在他的黄鱼车上，他徒劳地推了推车，车却要倒，扶也扶不住。小伙子朝前骑了半步，又朝后退了半步，然后说："师傅要去哪里？"他看了那人一眼，停了一下，才说："静安寺。"小伙子就说："十五块钱。"他说："十块钱。"小伙子又说："十二块钱。"他要再争，这时候，知了忽然鸣了起来，马路对面原来有一株树，树影团团的。他泄了气似的，浑身没劲。小伙子跃下黄鱼车，三五下解开了绳子，将书两包两包地搬上了黄鱼车。然后，他们就上路了。

路上，小伙子问他："你家住在静安寺？"他说："是。"小伙子又问："你家有浴缸吗？"他警觉起来，心想这人是不是要在他家洗澡？便含含糊糊地说："嗯。"小伙子接着问："你是在哪里上班？""机关。""那你们单位里有浴缸吗？"小伙子再问。他说："有是有，不过……"他也想含糊过去，可是小伙子看着他，等待下文，他只得说下去："不过，那浴缸基本没人洗，太大了，需要很多热水。"

路两边的树很稀疏，太阳烤着他俩的背，他俩的汗衫都湿了，从货站到静安寺，几乎斜穿了整个上海。他很渴，可是心想：如要喝汽水，要不要给他买呢？想到这里，就打消了念头。

小伙子又问道："你每天在家还是在单位洗澡呢？"他先说"在家"，可一想这人也许是想在他家洗澡，就改口说"单位"，这时又想起自己刚说过单位浴缸没人用，就又补了句："看情况而定。"那人接着问："你家的浴缸大还是小？"他不得已地说："很小。""怎样小？""像我这样的人坐在里面要蜷着腿。""那你就要把水放满，泡在里边；或者就站在里面，用脸盆盛水往身上泼，反倒比较省水。""是的。"他答应道，心里却动了一下，望了一眼那人汗淋淋的身子，想：其实让他洗个澡也没什么，可是想到女人说过"厨房可以合用，洗澡间却不能合用"的一些道理,就再没想下去。这时已到了市区,两边的梧桐树高大而茂密,知了懒洋洋地叫着。风吹在热汗淋淋的身上,很凉爽。他渴得非常厉害,他已经决定去买两瓶汽水,他一瓶,那人一瓶。可是路边却没有冷饮店。

"我兄弟厂里,天天有澡洗。"小伙子告诉他。他想问小伙子有没有工作,有的话是在哪里。可他懒得说话,正午的太阳将他烤干了。望望眼前明晃晃的一条马路,他不知到了哪里。他想,买两瓶汽水是刻不容缓了。那人也像是渴了,不再多话,只是埋头蹬车,车链条吱吱地响,他们默默地骑了一段。他终于看见了一家冷饮店,冰箱轰隆隆地开着。他看到冷饮店,便认出了路,知道不远了,就想:忍一忍吧,很快到家了。为了鼓舞那人,他说:"快到了,再过一条马路,就有条弄堂,穿过去就是。"小伙子振作了一下,然后说:"这样的天气,你一般洗冷水澡还是热水澡?"他支支吾吾的,小伙子又说:"冷水澡洗的时候舒服,热水澡洗过以后舒服。不过,我一般洗冷水澡就行了。"他心里一跳,心想这人真要在他家洗澡了,洗就洗吧,然而女人关于浴缸文明的教导又响起在耳边,就没搭话。

到家了,小伙子帮他把书搬上二楼。他付了钱,又从冰箱里倒了自制的橘子水给小伙子喝。小伙子很好奇地打量他的房间,这是两间一套的新公房,然后说:"你洗澡好了,我喝了汽水就走。"这一会儿,他差一点要说"你洗个澡吧",可最终还是把话咽了回去。那人坐了一会儿,喝完了橘子水,又问了些关于他家和单位的问题,就起身告辞了,出门后说:"你可以洗澡了。"

1. 小说中多次写到"太阳""树"和"知了"等,这样写有哪些作用?请概括说明。
2. "洗澡"作为这篇小说构思的关键,有主题思想、结构艺术、象征意蕴等多方面的考虑。请选择一个方面,结合全文,陈述你的观点并作分析。

【答案要点】
第一,交代故事发生的时间,突出季节特征;第二,渲染气氛,烘托人物心理;第三,使故事情节的发生和发展更加合理。

"洗澡"作为这篇小说构思的关键,有主题思想、结构艺术、象征意蕴等多方面的考虑,使小说的主题深刻、丰富。取材于洗澡这样的生活中的日常小事,表现了当代市民的凡俗人生,透过洗澡引起的故事也体现了作者对社会和人际关系变化的敏感和思考。主人公通过洗澡所引发的深层次的心理波澜,深入揭示了人性的微妙和复杂,表现了作者对典型人物形象的理解和审视。

阅读题五

论诚意

朱自清

诚伪是品性,却又是态度。从前论人的诚伪,大概就品性而言。诚实,诚笃,至诚,都是君子之德;不诚便是诈伪的小人。品性一半是生成,一半是教养;品性的表现出于自然,是整个儿的为人。说一个人是诚实的君子或诈伪的小人,是就他的行迹总算账。君子大概总是君子,小人大概总是小人。虽然说气质可以变化,盖了棺才能论定人,那只是些特例。不过一个社会里，这种定型的君子和小人并不太多，一般常人都浮沉在这两界之间。所谓浮沉，是说这些人自己不能把握住自己，不免有诈伪的时候。这也是出于自然。还有一层，这些人对人对事有时候自觉的加减他们的诚意，去适应那局势。这就是态度。态度不一定反映出品性来；一个诚实的朋友到了不得已的时候，也会撒个谎什么的。态度出于必要，出于处世的或社交的必要，常人是免不了这种必要的。这是"世故人情"的一个项目。有时可以原谅，有时甚至可以容许。态度的变化多，在现代多变的社会里也许更会使人感兴趣些。我们嘴里常说的，笔下常写的"诚恳""诚意"和"虚伪"等词，大概都是就态度说的。

但是一般人用这几个词似乎太严格了一些。照他们的看法，不诚恳无诚意的人就未免太多。而年轻人看社会上的人和事，除了他们自己以外差不多尽是虚伪的。这样用"虚伪"那个词，又似乎太宽泛了一些。这些跟老先生们开口闭口说"人心不古，世风日下"同样犯了笼统的毛病。一般人似乎将品性和态度混为一谈，年轻人也如此，却又加上了"天真""纯洁"种种幻想。诚实的品性确是不可多得，但人孰无过，不论那方面，完人或圣贤总是很少的。

我们恐怕只能宽大些，卑之无甚高论，从态度上着眼。不然无谓的烦恼和纠纷就太多了。至于天真纯洁，似乎只是儿童的本分——老气横秋的儿童实在不顺眼。可是一个人若总是那么天真纯洁下去，他自己也许还没有什么，给别人的麻烦却就太多。有人赞美"童心""孩子气"，那也只限于无关大体的小节目，取其可以调剂调剂平板的氛围气。若是重要关头也如此，那时天真恐怕只是任性，纯洁恐怕只是无知罢了。幸而不诚恳、无诚意、虚伪等等已经成了口头禅，一般人只是跟着大家信口说着，至多皱皱眉，冷笑笑，表示无可奈何的样子就过去了。自然也短不了认真的，那却苦了自己，甚至于苦了别人。年轻人容易认真，容易不满意，他们的不满意往往是社会改革的动力。可是他们也得留心，若是在诚伪的分别上认真得过了分，也许会成为虚无主义者。

人与人事与事之间各有分际，言行最难得恰如其分。诚意是少不得的，但是分际不同，无妨斟酌加减点儿。种种礼数或过场就是从这里来的。有人说礼是生活的艺术，礼的本意应该如此。日常生活里所谓客气，也是一种礼数或过场。有些人觉得客气太拘形迹，不见真心，不是诚恳的态度。这些人主张率性自然。率性自然未尝不可，但是得看人去。若是一见生人就如此这般，就有点野了。即使熟人，毫无节制的率性自然也不成。夫妇算是熟透了的，有时还得"相敬如宾"，别人可想而知。总之，在不同的局势下，率性自然可以表示诚意，客气也可以表示诚意，不过诚意的程度不一样罢了。客气要大方，合身份，不然就是诚意太多；诚意太多，诚意就太贱了。

看人，请客，送礼，也都是些过场。有人说这些只是虚伪的俗套，无聊的玩意儿。但是这些其实也是表示诚意的。总得心里有这个人，才会去看他，请他，送他礼，这就有诚意了。至于看望的次数，时间的长短，请作主客或陪客，送礼的情形，只是诚意多少的分别，不是有无的分别。看人又有回看，请客有回请，送礼有回礼，也只是回答诚意。古语说得好，"来而不往非礼也"，无论古今，人情总是一样的。有一个人送年礼，转来转去，自己送出去的礼物，有一件竟又回到自己手里。他觉得虚伪无聊，当作笑谈。笑谈确乎是的，但是诚意还是有的。又一个人路上遇见一个本不大熟的朋友向他说，"我要来看你。"这个人告诉别人说，"他用不着来看我，我也知道他不会来看我，你瞧这句话才没意思哪！"那个朋友的诚意似乎是太多了。凌叔华女士写过一个短篇小说，叫作《外国规矩》，说一位青年留学生陪着一位旧家小姐上公园,尽招呼她这样那样的。她以为让他爱上了,哪里知道他行的只是"外国规矩"!这喜剧由于那位旧家小姐不明白新礼数,新过场,多估量了那位留学生的诚意。可见诚意确是有分量的。

人为自己活着,也为别人活着。在不伤害自己身份的条件下顾全别人的情感,都得算是诚恳,有诚意。这样宽大的看法也许可以使一些人活得更有兴趣些。西方有句话,"人生是做戏。"做戏也无妨,只要有心往好里做就成。客气等等一定有人觉得是做戏,可是只要为了大家好,这种戏也值得做的。另一方面,诚恳,诚意也未必不是戏。现在人常说,"我很诚恳地告诉你","我是很有诚意的",自己标榜自己的诚恳,诚意,大有卖瓜的说瓜甜的神气,诚实的君子大概不会如此。不过一般人也已习惯自然,知道这只是为了增加诚意的分量,强调自己的态度,跟买卖人的吆喝到底不是一回事儿。常人到底是常人,得跟着局势斟酌加减他们的诚意,变化他们的态度;这就不免沾上了些戏味。西方还有句话,"诚实是最好的政策","诚实"也只是态度;这似乎也是一句戏词儿。

1. 如何理解"客气要大方,合身份,不然就是诚意太多;诚意太多,诚意就太贱了。"在文中的含义?

2. 请分析文章的思路(结构安排)。

【答案要点】

客气是诚意,但客气也要适度得体,否则就降低了诚意的价值。本题中"大方""合身份"和"贱"用了拟人手法,意思分别是"适度""得体""降低价值"。

首先指出诚意是品性,接着指出只把诚意当作品性是片面的,率性是诚意,客气也是诚意,由此说明诚意是有价值的。最后得出结论:若是为了大家好,做戏也要有诚意。

二、写作练习

写作题一

阅读下面的材料,根据要求写作。

写作材料:

我拿着一杯水,马上就喝了,这叫喝水;

如果我举 10 个小时,叫行为艺术,性质就变了;

如果有人举上 100 个小时,死在这儿,这个动作还保持着,实际上就可以做成一个雕塑;

然后如果再放 50 年,拉根绳就可以卖票,就成文物了。

写作要求:

1. 围绕上述内容,谈谈你的观点、看法,写一篇不少于 800 字的文章。
2. 用规范的现代汉语写作,条理分明,语言通顺,立意明确。

写作说明:

根据上述材料,可以提炼出如下观点:

第一,坚持会在时间维度上使事物发生质变,第二,事物的价值往往是通过质变而有所不同。考生可围绕上述两个观点从正反两方面展开议论,形成一篇议论文,注意恰当地运用论证方法。

写作题二

阅读下面的材料,根据要求写作。

写作材料:

儿童教育专家唐曾磊先生,曾举过例子:孩子读课本时,极易读错。比如说,孩子会把"满身沾野草",读成"浑身沾野草",或是"全身沾野草"。总之,都是无关紧要的小枝节、小毛病。这些问题重要吗?太重要了。有些孩子长大了,还喜欢用"这个""那个"指代事物。描述位置时,就会说"这边""那边",描述距离时就用"不远",或是"比较远"。模糊性语言,在与人沟通时,会面临着巨大的障碍。把话说清楚,讲明白,是一种能力的体现。

写作要求:

1. 针对上述现象和观点，谈谈你的看法，写一篇不少于800字的文章。
2. 用规范的现代汉语写作，条理分明，语言通顺，立意明确。

写作说明：

根据上述材料，可以写成一篇议论文，所提炼的中心论点是严谨与精确的重要性。考生可围绕"严谨与精确"在社会生活中诸多方面的重要性，从正反两方面展开议论，更加明确合理地表述自己的观点。

写作题三

阅读下面的材料，根据要求写作。

写作材料：

古人说，"善学者，师安逸而功倍"，"不善学者，师辛苦而功半"。如果一个学生有了自学能力，对所学习的内容感兴趣，他就可以主动学习，独立思考。因此，从长远的眼光来看，培养学生的自学能力是非常重要的。由此可见，培养幼儿的自学能力同样重要。

写作要求：

1. 请以"如何培养幼儿的自学能力"为题目，写一篇议论文。
2. 观点明确，论述具体，条理分明，语言流畅。不少于800字。

写作说明：

兴趣是最好的老师，幼儿的学习能力同样需要从兴趣入手来进行培养。要求写一篇议论文，首先观点要鲜明，针对如何培养幼儿的自学能力提出自己的见解和主张，条理分明，思路清晰。其次，要用大量的事实材料加以证明自己的观点，既可以有经验之谈，也可以有教训作借鉴。最后进行总结，言之有物，水到渠成。

写作题四

阅读下面的材料，根据要求写作。

写作材料：

美国华盛顿儿童博物馆的墙上写着一句格言："我听见了的就忘记了，我看见了的就记住了，我做了的就理解了。"

写作要求：

1. 从教育的角度立意，写一篇不少于800字的文章。
2. 用规范的现代汉语写作，自拟题目，自选文体（诗歌、戏剧除外），条理分明，语言通顺。

写作说明：

对于上述材料，考生要根据自己所选择的文体进行主题的确定，结构的安排，以及技巧的处理。如果写议论文，则要确立中心论点，从实践的角度来探讨对幼儿的教育。我国著名教育家陶行知"知行合一"的理论可以作为最有力的佐证。如果写记叙文，则可以选择一典型事件加以详细叙述，当然，记叙的顺序、记叙的要素等要考虑周全，特别要注意详略得当，感情充沛。

写作题五

阅读下面的材料，根据要求写作。

写作材料：

英国哲学家培根说："读史使人明智，诗歌使人灵秀，数学使人周密，科学使人深刻，伦理学使人庄重，逻辑修辞使人善辩，凡有所学，皆成性格。"

写作要求：

1. 从学习的角度立意，以"阅读的力量"为题，写一篇不少于800字的文章。
2. 用规范的现代汉语写作，自拟题目，自选文体（诗歌、戏剧除外），条理分明，语言通顺。

写作说明：

"读万卷书，行万里路"，以书为友，让阅读成为我们的生活方式；以书为鉴，让阅读提升我们的人生修养；以书为师，让阅读提高我们的能力素质。阅读收获知识，知识改变命运，阅读带给我们知识，带给我们力量，使我们不断成长，阅读将伴随我们一生，影响我们一生。

写作题六

阅读下面的材料，根据要求写作。

写作材料：

校长者，一校之长也。其胸广，如浩淼之江海；其才博，似宇宙之苍穹；其德厚，比巍峨之昆仑。厚载博物，高山仰止，此为吾所尊敬者也。

写作要求：

1. 从修身的角度立意，以"假如我是校长"为题，写一篇不少于800字的文章。
2. 用规范的现代汉语写作，自拟题目，自选文体（诗歌、戏剧除外），条理分明，语言通顺。

写作说明：

校长是一校之魂。一个好校长就是一所好学校。从修身的角度立意，考生可以从以下几个方面来谈校长的修养：读书、思考、管理、政治、法律、礼仪、责任、以身作则、保持沉默、领导艺术等，把自己置身于校长这个重要角色，就有稳定的立足点，突出校长的渊博学识和人格魅力。既可以写议论文，也可以写记叙文。

写作题七

阅读下面的材料，根据要求写作。

写作材料：

李健吾在《雨中登泰山》中这样说：但是把人的心灵带到一种崇高的境界的，却是那些"吸翠霞而夭矫"的松树。它们不怕山高，把根扎在悬崖绝壁的隙缝，身子扭得像盘龙柱子，在半空展开枝叶，像是和狂风乌云去争夺天日，又像是和清风白云游戏。有的松树望穿秋水，不见你来，独自上到高处，斜着身子张望。有的松树像一顶墨绿大伞，支开了等你。有的松树自得其乐，显出一副潇洒的模样。不管怎么样，它们都让你觉得它们是泰山的天然的主人，谁少了谁，都像不应该似的。

写作要求：

1. 自拟题目，写一篇 800 字以上的描写景物的文章。抓住景物特征，从声、形、色、动、质等方面，进行具体描写。

2. 要讲究方法，注意安排顺序、详略得当、表达感情。

3. 写景要适当展开联想、想象，恰当运用修辞方法。

写作说明：

景物描写的方法很多，如：①移步换景，从远到近，从整体到局部，抓住特点，准确描画。如《小石潭记》中第一段中发现小石潭。②寓情于景，情景交融。如《小石潭记》中第四段中潭中气氛。③运用比喻。如《小石潭记》中第三段中写小潭清流。④动静结合。如《沁园春雪》中山舞银蛇，原驰蜡象。⑤运用想象。如《沁园春·雪》中想象雪后美景：看红妆素裹，分外妖娆。⑥侧面描写突出景物。如《小石潭记》中第二段中写水清：潭中鱼可百许头，皆若空游无所依。⑦白描手法。如马致远的《天净沙·秋思》。

写作题八

阅读下面的材料，根据要求写作。

写作材料：

《南州六月荔枝丹》是我国著名科普作家贾祖璋的作品，这篇文章准确、翔实地说明了荔枝的果形、果实以及储运，对荔枝的习性、产地、栽培史等做了一般性介绍，并对我国荔枝生产的未来充满了信心。文中写到：荔枝的肉大多数白色半透明，说它"莹白如冰雪"，完全正确。有的则微带黄色。从植物学的观点看，它不是果肉，而是种子外面的层膜发育而成的，应称作假种皮。真正的果肉倒是前面说的连同果壳扔掉的那一层膜。荔枝肉的细胞壁特别薄，所以入口一般都不留渣滓。味甜微酸，适宜于生食。有的纯甜。早熟品种则酸味较强。荔枝晒干或烘干，肉就成红褐色，完全失去洁白的面貌。

写作要求：

1. 写一篇 800 字左右的说明文，用生动的语言说明事物。

2. 可采用多种说明方法。在说明文中，依据事物的特征，适当穿插传说、趣闻、诗文，采用描写的方法，可使文章生动形象，活泼有趣。

3. 要精心锤炼语言，恰当使用修饰语、限制语，运用比喻、拟人等修辞方法。用生动的语言说明事物，是为了使事物的特征更加鲜明突出，增强表达效果，一定要有实事求是的科学态度。

写作说明：

说明文的写作是要向读者介绍客观事物，讲解科学知识，让读者看清楚，读明白，有所得。这就要求围绕事物的特征进行写作，采用恰当的说明顺序（时间顺序、空间顺序、逻辑顺序、以工作程序为顺序），运用适当的说明方法（举例子、列数据、打比方、下定义、列图表、做诠释、做比较、引资料等），使用平实、准确、生动、形象的语言。

写作题九

阅读下面的材料，根据要求写作。

写作材料：

《钢铁是怎样炼成的》主人公保尔·柯察金这样说：人最宝贵的是生命。生命属于人只有一次。人的一生应当这样度过：当他回首往事的时候，不会因为碌碌无为、虚度年华而悔恨，也不会因为为人卑劣、生活庸俗而愧疚。这样，在临终的时候，他就能够说：我已把自己整个的生命和全部的精力献给了世界上最壮丽的事业——为人类的解放而奋斗。

写作要求：

1. 请以"生命的意义"为题目，写一篇不少于800字的议论文。
2. 用规范的现代汉语写作，条理分明，语言通顺，立意明确。

写作说明：

关于生命的意义，不同阶层、不同身份的人，会有不同的思考，给出不同的答案。考生用适合自己的方式表达出来自己对生命意义的诠释，则需要采取自己熟悉的文章体裁。保尔·柯察金的这段话为人们所熟知，不论是写议论文还是写散文，都可以列举典型人物的典型事例，这样更有说服力，比如科学家霍金，音乐家贝多芬，科普作家高士其，文学家海伦·凯勒等，同时，生命不只是对人类有意义，花草树木，日月星辰，山川河流等，它们的生命同样值得尊敬。

写作题十

阅读下面的材料，根据要求写作。

写作材料：

《尚书》中对官员训诫曰："若金，用汝作砺！若济巨川，用汝作舟楫！若岁大旱，用汝作霖雨！"

写作要求：

1. 请围绕奉献与成就的关系，写一篇不少于800字的文章。题目自拟。
2. 用规范的现代汉语写作，条理分明，语言通顺，立意明确。

写作说明：

为民做磨刀石、做舟船、做及时雨，一言以蔽之，就是要服务于民、兴利于民、实干为民。全面建成小康社会，是党对人民群众的庄严承诺，也是每一名党员干部必须兢兢业业奋斗、孜孜探求的使命责任。发扬好"绿叶精神"，把甘当配角、乐于奉献、忠诚实干作为人生坐标，我们就一定可以练就崇高品格，为实现全面小康贡献更多力量。

写作题十一

阅读下面的材料，根据要求写作。

写作材料：

在康奈尔大学心理学系的一项研究中，研究者询问受访者是否熟悉一些物理学、生物学、政治学或地理学概念，其中混杂着一些根本不存在的概念，比如"视差板""超级脂肪"等。结果表明：90%的人至少熟悉所问到的9个概念中的1个，但其实，9个全是假的。很多时候，无知并不会让人们变得惊慌失措、困扰或是更加谨慎，相反地，它有时会让自以为懂一点点的人们变得盲目自信。上述事例就是"达克效应"的体现。一些通常意义上的知识分子也会印证"达克效应"的存在。

写作要求：

1. 请围绕"达克效应"给你的启示写一篇不少于800字的文章。题目自拟。
2. 用规范的现代汉语写作，条理分明，语言通顺，立意明确。

写作说明：

达克效应是国外报告中提到的内容，但与我们国内常提到的无知者无畏、初生牛犊不怕虎不谋而合。这其实只是解释了一些社会中最常见的现象。比如你会发现身份地位越高的人往往越谦和；学识越渊博的人，往往越谦虚、虚怀若谷。因为知识越丰富，越感受到知识的海洋广袤无边，越感觉到自己的渺小与无知，所以他们才会越谦虚。反之，越没有见识的人，往往越狂妄，目空一切，无知的人往往不知道自己的无知，却以为自己什么都知道。

从教育的角度来看，最起码给我们两个启示：一是作为教师应更懂得严谨地尊重科学知识；二是作为学生不应该在一知半解中寻求自我存在的优越感。正如孔子所说："知之为知之，不知为不知，是知也。"

写作题十二

阅读下面材料，根据要求写作。

写作材料：

温家宝同志曾说过："作为一名教师，首先要有爱心。没有爱心，就没有教育。"作为一名幼儿教师，必须有爱心。

写作要求：

1. 请以"爱心"为话题，写一篇不少于800字的文章。
2. 用规范的现代汉语写作。题目自拟，观点明确，分析具体，条理清楚，语言流畅。

写作说明：

这则材料和话题，既可以写成议论文，也可以写成记叙文，或者是抒情散文，选择哪一种文体来写，由考生平时的兴趣、优势而定。类似有关"爱心"的事例很多，特别是用自己的亲身经历更能打动人心，更加有说服力。

写作题十三

阅读下面材料，根据要求写作。

写作材料：

终身学习是21世纪人的通行证。终身学习是指"学会认知、学会做事、学会共同生活、学会生存"。

写作要求：

1. 请从教育的角度立意，写一篇不少于800字文章。
2. 用规范的现代汉语写作。题目自拟，观点明确，分析具体，条理清楚，语言流畅。

写作说明：

从所给材料分析，这类材料比较适合写议论文。俗话说："活到老，学到老。"每个人在自己所从事的领域中都要有紧迫感，与时俱进是时代的要求，也是对自身的督促。考生应该首先确立中心论点，然后运用理论论据和事实论据来阐述终身学习的重要性和必要性。也可以抓住"学会认知、学会做事、学会共同生活、学会生存"其中的一个方面进行论述。

写作题十四

阅读下面材料，根据要求写作。

写作材料：

感谢父母给了我们生命，感谢老师给了我们知识，感谢朋友给了我们友爱，感谢天地间的万事万物……在你的身边一定会发生过许多令人感动的事情。

写作要求：

1. 请以"感恩"为话题，写一篇不少于800字的作文。
2. 用规范的现代汉语写作，条理分明，语言通顺，立意明确。
3. 要写出亲身经历，写出自己真实的感受。

写作说明：

这一话题适于写记叙文，可以写成写人记叙文，也可以写成记事记叙文，但写人离不开记事，以写人为主；记事离不开写人，以记事为主。同时可以综合运用多种表达方式，如记叙、描写、议论和抒情。要求是以"感恩"为话题，考生一定要根据所写内容重新拟定题目。

写作题十五

阅读下面材料，根据要求写作。

写作材料：

给自己的同学或家长写一封以议论为主要内容的书信。可以从以下内容中选择一项：

1. 对中小学生学习负担过重现象的认识。
2. 如何看待青年学生的个人隐私问题。
3. 怎样看待青年学生中存在的"追星"问题。
4. 谈谈对中学生"早恋"问题的认识。

写作要求：

1. 有自己的观点，用书信形式，可以用引证法，例证法。
2. 不少于800字。以议论为主，恰当地运用议论、抒情等表达方式。

写作说明：

在体裁确定的情况下，就要根据具体情况进行写作。议论性书信的特点是，运用书信的格式，结构形式自由灵活，有一定的针对性，用语谦和，阅读书信的人易于接受其观点和见解。既然是议论性，还要符合议论文的要求，运用恰当的论证方法来证明自己的观点和主张。

写作题十六

阅读下面材料，根据要求写作。

写作材料：

以"身边的感动"为题目，写一篇记叙文。

写作要求：

1. 用规范的现代汉语写作，条理分明，语言通顺，立意明确。
2. 做到感情真挚，观点正确，不少于 800 字。

写作说明：

这是一篇命题作文，这是一个完整的题目，也就是全命题。对于命题作文关键在于审题，抓住题眼。生活中，让我们感动的事情很多，但是在这个偏正关系的名词短语中，中心语是"感动"，这就是题眼，而前面的修饰语"身边"则限定了范围，所以在组织材料的时候，一定要围绕发生在身边的人或事来做文章。

写作题十七

阅读下面材料，根据要求写作。

写作材料：

史铁生在《我与地坛》中这样说：这时候想必我是该来了。十五年前的一个下午，我摇着轮椅进入园中，它为一个失魂落魄的人把一切都准备好了。那时，太阳循着亘古不变的路途正越来越大，也越红。在满园弥漫的沉静光芒中，一个人更容易看到时间，并看见自己的身影。

写作要求：

1. 以"时间"为话题，写一篇文章，体裁不限，不少于 800 字。
2. 用规范的现代汉语写作，条理分明，语言通顺，立意明确。
3. 注意语句表述的先后顺序，做到句子通畅，语意完整。

写作说明：

这是一篇话题作文，既有材料，又有话题。话题作文所给材料是对话题的解释、说明，目的在于帮助考生理解话题。话题作文的核心是话题，材料在多数情况下只是一种提示，考生可以张扬个性，发挥长处，写出自己对"时间"的真知灼见。

写作题十八

阅读下面材料，根据要求写作。

写作材料：

以"我与_____"为话题，自拟题目，写一篇抒情散文。

写作要求：

1. 把题目补充完整。

2. 用规范的现代汉语写作，条理分明，中心明确，语言流畅，抒发自己的真情实感。800字左右。

写作说明：

这是一篇命题作文，这是一个不够完整的题目，我们称之为命题作文中的半命题作文。对于半命题作文，首要的任务是根据所写内容或所体现的主题，把题目补充完整。横线里所要补充的内容可以是关于人物的，可以是关于事物的，无论如何，是自己熟悉的内容，所填写的词语要准确无误，这样才能做到文题一致。

写作题十九

阅读下面的材料，根据要求写作。

写作材料：

教师节，是我们自己的节日，假如你是优秀教师代表，要在庆祝教师节的大会上发表演讲，你会怎样表达？

写作要求：

1. 请以"敬业乐业"为题目，写一篇不少于800字的演讲稿。

2. 用规范的现代汉语写作，条理分明，语言通顺，立意明确。

写作说明：

演讲稿也叫演讲词，它是在较为隆重的仪式上和某些公众场合发表的讲话文稿。演讲稿是进行演讲的依据，是对演讲内容和形式的规范和提示，它体现着演讲的目的和手段。演讲稿的结构通常包括开场白、正文、结尾三部分。常用的开场白有点明主题、交代背景、提出问题等。开场白的目的是使听众立即了解演讲主题、引入正文、引起思考等。正文是整篇演讲的主体。主体必须有重点、有层次、有中心语句。由于演讲材料是通过口头表达的，为了便于听众理解，各段落应上下连贯，段与段之间有适当的过渡和照应。结尾起着深化主题的作用。结尾的方法有归纳法、引文法、反问法等。归纳法是概括一篇演讲的中心思想，总结强调主要观点；引文法则是引用名言警句，升华主题、留下思考；反问法是以问句引发听众思考和对演讲者观点的认同。

在立意方面，要突出教师的地位和作用，体现从事这一职业的崇高和伟大。尽可能地用自己的亲身经历来证明对这份职业的敬重与热爱。考生可以梁启超的《敬业和乐业》这篇文章作为参考。

写作题二十

阅读下面材料，根据要求写作。

写作材料：

实现伟大的中国梦，是全中国人民的共同心愿，习近平同志用这样的内涵来概括中国梦，国家富强、民族振兴、人民幸福。实际上这是对"实现全面建成小康社会、建成富强民主文明和谐的社会主义现代化国家的奋斗目标，实现中华民族伟大复兴"这一理想目标的提升，进一步丰富了中国梦的内涵。

写作要求：

1. 请以"中国梦我的梦"为题，写一篇不少于800字的演讲稿。
2. 用规范的现代汉语写作，条理分明，语言通顺，立意明确。

写作说明：

"中国梦"这一主题非常明确，而且特别庞大。这就要求考生从大处着眼，从小处入手，所选择的材料要翔实可信，新颖生动，充满时代气息，切记不要说空话、大话。

根据上述写作要求，是要写一篇演讲稿。写演讲稿，观点一定要明确，材料一定要真实，因为演讲的目的是要打动听众，得到听众的认可，所以演讲稿一定要有说服力和感染力。演讲稿的语言既要上口，又要入耳，更要适合语境。

演讲稿的结构通常包括开场白、正文、结尾三部分。好的开场白能够紧紧地抓住听众的注意力，为整场演讲的成功打下基础。常用的开场白有点明主题、交代背景、提出问题等。开场白的目的是使听众立即了解演讲主题、引入正文、引起思考等。正文是整篇演讲的主体。主体必须有重点、有层次、有中心语句。由于演讲材料是通过口头表达的，为了便于听众理解，各段落应上下连贯，段与段之间有适当的过渡和照应。结尾是演讲内容的收束。它起着深化主题的作用。结尾的方法有归纳法、引文法、反问法等。归纳法是概括一篇演讲的中心思想，总结强调主要观点；引文法则是引用名言警句，升华主题、留下思考；反问法是以问句引发听众思考和对演讲者观点的认同。